空間管理社会

監視と自由のパラドックス

阿部　潔・成実弘至 編

新曜社

プロローグ――社会的な空間の現在《いま》

なぜ今、空間なのか

どうして今、「空間」を問うことが必要なのか。その理由は、そこに現代社会の変化が如実に現れていると考えるからである。空間を読み解いていくことで、社会の「現在《いま》」を浮かび上がらせることができるに違いない。

私たちの身の回りの空間のあり方は、日々めまぐるしく変わっていく。たとえば、昔からの商店街の町並みが消え失せ、それに替わって大型量販店の店舗が建ち並ぶ近年の都市近郊の景色は、経済流通のみならず生活文化における変化を物語っている。子どもたちを狙った犯罪の多発を契機として地域社会における安全や安心が見直され、いたるところに防犯カメラが設置されるようになった。その結果、不特定多数の人々が出会う公共の場は、危険で不安な場所として人々にイメージされがちだ。監視のまなざしに囲まれた子どもたちにとって、安全で快適な自分の家を一歩でも出たら、そこは見知らぬ他者が襲ってくる可能性のある、リスクに満ちた世界なのかもしれない。こうした近年の空間をめぐる編成とイメージの形成のなかに、私たちが生きる現代社会の姿を垣間みることができる。その意味で空間の変化とは、社会の変化にほかならないのである。

空間の「現れ方」の変貌

人々にとって空間とは、単に物理的なものにとどまらない社会・文化的な「意味」を伴った存在である。その点で空間とは、物理的な場所（physical place）であると同時に社会的な場（social space）でもあるのだ。

近年、こうした社会的な空間が大きな変貌を遂げつつある。たとえば、都市空間。かつては機能性や合理性を重視して設計されていた建築物や都市は、今では記号的な次元における「意味」を重視したデザインを施されている。そこでは、視線を集めることを目指した魅了する空間や、内部を見せつけるべく挑発する空間が、都市を特徴づける独自な空間として私たちの前に立ち現われている。全面をガラス張りにし、あたかも建物全体がスケルトン（骨組み）のように見通せるファッションビル。きらびやかなイルミネーションに彩られ、まるでＳＦに描かれる近未来都市のような様相を強めていく家電量販店の店舗。こうした最新の建造物が作り出す都市の姿は、より魅力的で楽しげなものになりつつある。

人々を魅了し挑発する都市空間が広がっていくのと並行するかのように、プライベートな空間は閉塞の度合いを深めつつある。高い壁に囲まれた高級住宅群、狭い出入り口の奥に広がる高級マンション、仲間と快適な時間を過ごすカラオケ・ボックス。これら閉ざされたプライベートな空間は、煩わしい他者や外部からの干渉を遮断することで成り立つ現代の「私の空間」がどのようなものなのかを如実に物語っている。安全・安心・快適を確保すべく「危険な外部」から隔絶された空間は、堅牢に囲い込まれた「安全地帯」のように映る。

こうしたパブリックな空間／プライベートな空間の現れ方の変容は、どのような社会的な条件のもとで生じているのだろうか。それは、どのような社会の趨勢を物語っているのだろうか。

空間の「生きられ方」の多様性

私たちは、日々の生活のなかでさまざまな空間に身を置いている。それぞれの空間は私たちに、多様な振る舞いを強いる。たとえば、学校や職場では、いまだに近代的な規律と訓練が執拗に要求される。学校という制度のもとでは生徒として、職場という組織のなかでは労働者として、それぞれに期待される役割を担わねばならない。学校や職場という空間は、規則やルールに支配された不自由で窮屈な場として感じられがちである。

他方、自分だけの個室にいるときや、遊ぶために盛り場や街頭に繰り出すとき、私たちは「自分のしたいこと」を自由に楽しんでいる。そこは、自らの欲望を解放することが許される自由な場として受け止められる。さらに、インターネットなど情報テクノロジーが作り出す電脳空間（サイバースペース）は、知りたい／手に入れたい情報を瞬時に探し出せる便利な空間にほかならない。遊びや趣味のための空間は、楽しい場として人々に享受されている。

だが、楽しく自由な空間が成り立つうえで「安全」が確保されねばならないことを、私たちは痛切に感じつつある。治安の悪化やテロの脅威が喧伝《けんでん》されるなか、町中、街路、交通機関といった不特定多数の見知らぬ人々が集う場でなによりも必要なのは「安全と安心＝セキュリティ」であるとの感覚を、多くの人々が共有している。近年、治安の維持を目的として、無数の防犯カメラがいたる所に設置されている。私たちが日々暮らしている公共的な空間は、安全・安心の確保を目指した監視のまなざしに満ちた空間と化している。人々は自分たちを見守ってくれる監視のもとで、自由に楽しく生きることを求めているのだ。

このように考えてくると、現代社会に暮らす私たちが多岐にわたる空間を、多様な仕方で生きていることが明らかになる。空間の現れ方が変貌していくのに伴い、私たちが空間を生きる仕方もまた、多様になっているのである。

空間の生きられ方の変化は、アイデンティティ感覚にどのような影響を与えているのだろうか。さまざまに異なる空間に身を置くことで、私たちはより多彩な「自分らしさ」を享受しているのだろうか。それとも、必ずしも一貫性や統合を必要としないバラバラな場に属することによって、アイデンティティの危機を迎えているのだろうか。

空間の「作られ方」の多層性

空間の「現れ方」と「生きられ方」の変化は、自然発生的に生じているわけではない。そこには、

「空間」を構想し、デザインし、作り上げる空間設計が見て取れる。都市空間の場合であれば、行政による都市計画と資本の論理に後押しされた民間の手による都市開発とが、ときとして矛盾や対立を引き起こしながらも、双方が手を携えるかたちで近年の都市景観を大きく変えてきた。

空間の「作られ方」における近年の特徴は、それが単に物理的・機能的な空間設計にとどまるのでなく、より文化的・記号的な次元で社会全体のデザインを志向している点である。つまり、空間を作り上げることは、同時にそこにおける人々の行為や感性のあり方を規定するような力を持ちつつあるのだ。最先端の建築様式を用いたファッション・ビルの空間は、モノを売ることだけを目指しているのではない。そこでは、建物・店舗・商品それぞれに記号的な意味が付与されるだけでなく、そこに集う人々を巻き込むかたちで空間がトータルとしてデザインされる。周到な戦略と巧妙な技法を用いて空間それ自体を「作る」ことが、そこで目指されている。

人々の行為や感性を取り込むかたちで空間が「作られる」ことによって、私たちが生きる日常空間はどのように変わりつつあるのだろうか。より快適に、よりファッショナブルに、より斬新なかたちで空間デザインが為されることで、日常空間はより豊かで刺激的なものになるのだろうか。それとも、巧妙に作り上げられた空間に取り込まれることで、知らず知らずのうちに自由な感性が失われていくのだろうか。

「空間と自由」という問い

ここまで見てきたように現代社会における空間は、現れ方／生きられ方／作られ方において変貌を遂げつつある。そのことを議論の出発点として、本書の論考は進められる。その際に私たちは「空間管理」を問題意識として共有することにした。そこに込めた意味は大きく二つある。ひとつは、潜在的な脅威や危険を見張ることが日常化している監視社会の状況を読み解くことを目指した点である。二つ目に、空間をくまなく監視することが、不自由や息苦しさだけでなく、安全・安心を確保することで楽しさや快適さを人々に約束している現実に、目を向けたいと考えた。現代における空間をめぐる両義性を捉えるための言葉が、『空間管理社会』という本書のタイトルにほかならない。

パートⅠ「都市の自由とまなざし」では、公共的な場が現在どのような変化を遂げつつあるのかを探る。快適な消費が行われるショッピングモールは、同時に監視のまなざしが張り巡らされた空間でもある。モール内の商店に設置された防犯カメラは、安心して買い物ができるよう常に周囲を見張っている。カメラの視線に見守られながら人々が消費にいそしむショッピングモールは、監視社会の現在の姿を典型的に表している。人々は一方でくまなく監視されながら、他方で自由を享受する。監視と自由の奇妙な共存こそが、私たちが生きる「公共の場」の特質なのだ。

ポピュラーカルチャーが花開く都市のストリート空間では、若者たちによる自己表現が繰り広げられる。一方でストリートは新たな若者文化が実験的に試みられる自由な場であるが、他方でメディアや企業側が提供する商品＝モノの消費と密接に結びついている。テレビや雑誌といったマスメディアが作り上げるさまざまなイメージを自らの内に取り入れることによって、モノに彩られた若者たちのストリート・ファッションは成り立っている。その意味で現代の若者文化は消費文化でもある。ストリートでは「見る／見せる／見返す」という視線のポリティクスが交わされ、そのなかから時代の空気／気分を反映した若者文化が芽生えてくる。そこは、若者たちの自己表現をめぐり多様な勢力がせめぎあう場なのである。

このように消費と深く結びついた「公共の場」について、視線のあり方と自由との関係を中心に議論を進めていく。

パートⅡ「住まいのポリティクス」では、居住空間の変容について考えていく。人々が暮らす住居とは、もっともプライベートな場であり、そこでは安全と快適さが求められる。しかし同時に、住居空間のあり方は、政策や制度ならびにビジネスから影響を受けている。その意味で、住居という「生活の場」は、国家や企業との交渉と無縁ではない。

近年、メディアを通じて喧伝される治安の悪化を背景として、建築・住居のセキュリティが重要視されている。そうしたなか、ホーム・セキュリティやタウン・セキュリティを売りものにしたマンションや住宅群が、人々の注目を集めている。セキュリティ・システムに守られた「生活の場」は、一見すると安全で安心して暮らせる空間のように思われる。だが、プライベートな住居空間の外部を潜在的に危険な場として捉える発想は、外部世界への不信感を高めていかざるをえない。

「生活の場」の安全・安心を闇雲に追い求めることが結果として不安とリスクを高めていくという皮肉な事態について考えていく。

人が集まって暮らす集合住宅は、建築家・行政・施行業者によってデザインされた居住空間である。だが、現実社会での人々の「暮らし」は、住宅を設計・建築する側の思惑通りには必ずしもおこなわれない。そこには、設計される「空間」と生きられる「場所」との齟齬が見て取れる。いたずらに個室やプライバシーのみを追求し外部との関わりを欠いた居住空間は、結果として他者との社会的交流を欠いた日常をもたらしてしまう。プライベート／パブリック／コモンの有機的な繋がりを生み出すうえで、現在どのような空間デザインが試みられているのだろうか。いくつかの興味深い具体事例に即しながら見ていく。

パートⅢ「メディアの自由と不自由」では、電子メディアを介した人々の関わり合いが生み出す空間について考えていく。インターネットの普及は、多くの人々に発言の機会を与えた。「誰が見るか分からない」と同時に「誰でも見ることができる」インターネットでの情報のやり取りでは、ひとりの個人の「私的な」発言が、ときとして社会全体を巻き込むインパクトを持つ。「ネットの世界」の広がりは、ネット内だけに留まらない。「バーチャル」なネットでの動きは、ネット外の「リアル」な社会をも大きく変えつつある。ネットが引き起こすリアル／バーチャルの境界の再編成に潜む可能性と危険性について、空間編成の視点から考えていく。

ケータイに代表される近年のメディアは、他者との関係をますますパーソナル化するとともに、それを用いる人々の身体を巧妙に管理していく。仲間との関わりを自由に取捨選択できる便利な道具としてのケータイは、人々がどこで／だれと話したのかを捕捉する監視の道具にもなりうる。危険な世間や見知らぬ他人への恐れが高まっていくなか、安全・安心の確保に取り憑かれた個々人はメディアを介して自己閉塞の度合いを深めていく。メディアによって作り出される空間は時代の趨勢を映し出すと同時に、そこに生きる人々の関係性／身体性をも大きく規定していく。その意味でメディア空間とは、権力作用が発揮される管理空間にほかならない。現代におけるメディア空間に潜む暴力について、具体事例を踏まえ考えていく。

本書では「都市／住まい／メディア」という日常生活に馴染み深い社会的な空間を対象として、具体的な事例を交えながら話を進めていく。本書全体に共有された問題関心は、現代における「空間と自由」との関係を解き明かすことにある。

一見すると、現代社会に暮らす人々は「自由」を享受している。「好きなことをする」自由は、今ではごく当たり前に与えられている。だが他方で、自由は巧妙に、しかし確実に制限されているように思えて仕方がない。たしかに「好きなこと」をする自由は与えられている。だが、それが「本当にしたいことなのか」と問われるとき、私たちは戸惑いを禁じ得ないのだ。あり余るほどの商品や情報に取り囲まれながら、私たちは何かしら欠落感や空虚感を抱いてしまう。なにかが自由でない。でも、その「なにか」を明確に言い表す言葉が見つからない。自己選択・自己責任という流行語のもとで過剰なまでに「自由」が唱えられながら、いわく言いがたい「不自由」に苛まれる。自由と不自由が奇妙なかたちで共存する時代を、今の私たちは生きている。

「空間と自由」という視座からアプローチしていくことによって、「自由」をめぐる錯綜した関係を読み解くことを各論考は目指している。社会的な空間において、どのような自由は奨励され、どのような自由は制約されているのだろうか。「空間と自由」は、現在どのように変容しつつあるのだろうか。現代社会は、そもそも「自由な社会」と言えるのだろうか。具体的な社会的空間のあり方に照準しながら、「自由」という今日的なテーマについて考えてみたい。

目次　空間管理社会――監視と自由のパラドックス

装幀――虎尾　隆

パート I

都市の自由とまなざし

1章　公共空間の快適——規律から管理へ

阿部　潔

1　快適な空間が呼び起こす「微かな違和感」

不特定多数の人々が関わり合う公共の場では、どのような仕組みのもとでどのような快適さが生み出されているのか？　このあまりに漠然としたテーマを考えていく糸口として、私自身が体験した快適な空間における「微かな違和感」について語ることから始めよう。

現代日本のどこにでもありそうな、大型ショッピングモール内のカフェテラス。広々とした空間では、さまざまなファストフードが味わえる。客たちは店先に掲げられたメニューを眺めながら、思い思いに好きなものを注文し、出来上がった料理をトレイに載せて、座りたい席に着く。敷居も間仕切りもない「オープンスペース」では、家族連れ／友達同士／カップルなどさまざまな人々が楽しげに食事と語らいにいそしんでいる。どこにでもある「豊かな日本」の一風景……。だが、こうした快適な娯楽スペースには、さまざまな「仕掛け」が織り込まれている。まず頭上に眼をやれば、そこには食事する人々を見守る監視カメラが飛び込んでくる。敷居のない空間では、比較的広いスペースであっても視界が遮られることがない。数台の可動式カメラがあれば、全方位を監視することができるだろう。オープンスペースは、監視をするうえでとても効率的なのである。

次に、食事する人々の話し声は「ピーッピーッ」という鋭い電子音によってたびたび妨げられる。電子音は、フロアーのいたるところから聞こえてくる。それは、注文した食事が出来上がったことを知らせるベルの呼び出し音だ。客たちはカウンターで希望する料理を告げると、店員から小型の呼び出しベルを手渡される。それを持って席につき、料理が出来上がるのを待つ。およそ五分程度でベルが鳴り、人々は会話を中断して受け取りコーナーへと足を運ぶ。客で混雑しているときには、呼び出しの音がひっきりなしにフロアーに鳴り響いている。それと同時に、天井に備え付けられたスピーカーからは、迷子の連絡を告げるアナウンスの音が降り注いでくる。食事をする人々の肉声は、ベルの音やスピーカーの音によって中断（interrupt）されがちである（写真１－１）。

テラス式のオープンスペースには、視界を遮るものがほとんどない。どこに立っていても、フロアーの端から端までがほぼ一望できる。しかし、その視界は不思議なまでに平面化され一次元的である。視界は横へと広がるけれど、奇妙なまでに高低感を欠く。トレイを持って歩いていても、座

写真1-1 カフェテラスで人々は語らいを楽しむ

写真1-2 カフェテラスは外から見られる空間として演出される

って食べていても、視線を上げたり下げたりする必要に迫られることがほとんどない。さらに、そうした水平的な視線は、フロアーの空間を突き抜けて屋外へと広がっていく。道路に面した側が全面ガラス張りになっているので、屋内にいる人々の視線は遥か彼方まで遮られることがない。その意味でも、ここは「オープンスペース」なのである。しかし、ふと素朴な疑問が浮かぶ。ＪＲの駅に隣接して建てられたショッピングモールのあるこの地域は、とりたてて景観が美しい場所ではない。ガラス窓の外に広がる風景は、なんの変哲もないＪＲの駅、建築中のものも含め整然と並ぶマンション群くらいである。こうした景観を、いったい誰が楽しんでいるのだろうか。そう思って周囲に目をやると、ほとんどの人は外の景色にそれほど気を取られていないようだ。つまり、全面ガラス張りの窓の外に広がる風景を、フロアーにいる人々は実際にはそれほど「見て」いないのである。だが、テラス式カフェテリアがガラス張りであることには、大きな意味がある。なぜなら、それは外から「見られる」ことを可能にするからだ。道行く人々――具体的には電車を降りてショッピングモールへと続くコンコースを歩く人々——の視界には、ガラス張りのカフェテリアのなかで楽しげに食事をする人々の姿が、否が応でも飛び込んでくる。その意味で、ガラス張りの空間は「外を見る」ためというよりも、むしろ「外から見られる」ために演出されているように感じられる（写真1-2）。

ショッピングモールのカフェテラスという「快適な空間」を演出するいくつもの「仕掛け」が気になりはじめると、私は楽しさを無邪気に享受できなくなってしまう。たしかに、視界を遮る壁や仕切りがない開かれたオープンスペースは、どことなく開放感を与えてくれる。ガラス張りの窓越しに外の景色が一望できるのであれば、尚更のことであろう。さらに、さまざまな趣向を凝らした料理を同じフロアーで同時に味わえることは、現代社会がより一層「豊か」になったことを如実に物語っている。私が子どもだった頃、日本社会は既に高度経済成長を遂げ、曲がりなりにも「豊かな社会」へと足を踏み入れていたように記憶する。だが、現在目にする消費社会の多様性／バラエティと比較するとき、当時の私が子ども心に憧れていた「豊かなモノ」など、あまりに画一的で陳腐なものに思えてしまう。それほどまでに、今では豊かな消費社会が私たちの日常生活の一部になっている。

しかし同時に、こうした快適さや豊かさが、どのような社会的条件のもとで成り立っているのかを考えたとき、そこに微かな違和感を抱くのは私だけではないだろう。開放感を感じさせるオープンスペースは、同時に防犯カメラのまなざしが張りめぐらされた監視スペースでもある。家族や友達と語らいながら食事をする私たちの姿を一望のもとに見つめる監視カメラは、そもそも何のために設置されているのだろうか。もしかすると私たちは、徹底的に見張られている状況のなかで、見せかけの豊かさや快適さを楽しんでいるのではないだろうか。確たる根拠はないのだけれど、そうした微かな、だが直感的な違和感を拭い去ることができない……。

だがすぐに、それを打ち消すような問いが生じてくる。はたして人々の多くは、私が抱いたような違和感をどれほど抱いているのだろうか。私の周りで楽しいひとときを過ごしている大勢の人々は、快適な空間が監視カメラによって成り立っていることを、どれほど気にとめているのだろうか。

周囲を見渡すかぎり、快適な空間における監視のまなざしを人々はさして気にかけていないように思われる。建物の梁《はり》や天井の壁に設置されている監視カメラは、私たちの視線に晒《さら》されている。だから、そこに監視のまなざしが存在することを、人々は十分に承知しているはずだ。でも、そのことに抵抗感や嫌悪感を抱く者は、ごくごく少数であるに違いない。そうであるからこそ、どのような目的で稼働しているのか、どのような部局が責任をもって設置しているのか、といったことに関して何の断り書きもなく、監視カメラは当たり前のように快適な空間に置かれているのだ。むしろ、監視カメラのまなざしがあるからこそ、楽しく語らい、好きな食事を楽しむことができる。多くの人々はなかば無意識のうちに、そのように監視カメラの意義を考えているに違いない。比喩的に言えば、快適な空間に設置された監視カメラは、私たちを見張るのではなく見守ってくれる存在である。だとすれば、監視カメラの視線を気にすることなど、そもそも必要のないことであろう。

このように考えをめぐらせていくと、ひとつの根本的な疑問が沸き上がってくる。監視のまなざしに支えられた空間の、いったい何が問題なのであろうか。快適な場を成り立たせている社会的な仕組みやロジックについて考えていくことに、いったいどのような意味があるのだろうか。たしかに、ショッピングモールのカフェテラスは、さまざまな「仕掛け」に支えられた人工的な空間である。だが、そうした快適に作り上げられた空間を私たちが自ら進んで受け入れ、そこで楽しいひとときを過ごしているなら、そのことをとやかく問題とすべき理由など、いったいどこにあるのだろうか。そうした疑念が、ふつふつと沸き上がってくる……。

だが、もう少しばかり「微かな違和感」に付き合っていこうと思う。そうした違和感は、いったい何に起因しているのだろうか。そうした違和感をきっかけにして、何が明らかになるのだろうか。そこから垣間見えてくるのは、現代社会のどのような局面なのだろうか。こうした問題関心を持ったうえで、現代における快適な空間と監視のまなざしとの関係について、以下で考えていく。

2　監視社会の現在

「見張り」から「見守り」へ

現在では、金融機関の出入り口は言うに及ばず、公共交通機関の駅やホーム、商店街や地下街、学校や公共施設といったあらゆる場所で「監視カメラ」[1]を目にする。私たちは気づくか気づかないかに関係なく、車に乗るとき、歩いているとき、電車に乗るときといったごく日常的な場面において、常に監視のまなざしと隣り合わせに暮らしている。だが、監視のまなざしにたいする人々の受け止め方は、近年大きく変化したようである。かつてであれば、公共の場に監視カメラを導入することは、それなりの物議を巻き起こしていた。曰く、何のために必要なのか。個人のプライバシーや人権は守られるのか。そうした異議や疑問が、たとえ少数者の声であったとしても、なんらかのかたちで表明されることは珍しくなかった。しかし現在では、急速にその数を増やしていく監視カメラが私たちの日常生活の一部になるのと反比例するかのように、抗議の声はますます聴かれなくなっている。監視カメラがあることが疑問を抱く必要すらないほどに「当たり前」であるかのような状況が、そこには生まれつつある。

こうした変化が生じた背景には、さまざまな「危機感」の高まりがある。国際的にはアメリカ合衆国を筆頭に「テロとの戦争」が声高に叫ばれ、私たちの平和な日常が卑劣なテロの脅威に晒されていることが喧伝される。「テロの脅威」に立ち向かうためには、監視を強化することが不可欠だとされる。具体的には、入国出国の管理をより厳格にしたり、携帯電話などの通信履歴データの管理と捜査を徹底することが、警察権力を担い手として進められていく（小倉 2005、キーフ 2005）。また国内的には、かつての安全神話が既に崩壊し、深刻な「治安の悪化」が生じていることが、警察・行政などの担当者や凶悪犯罪をセンセーショナルに報じるマスメディアを介して、一般市民に伝えられる。数々の「データ」に基づいて「治安の悪化」を喧伝するこうした言説がもたらす効果は、実のところ、自分が暮らす地域社会の治安状況について人々が冷静な判断を下すよう手助けすることにあるのではない。そうではなく、メディアを介して伝えられる「今の世の中」にたいする漠然とした不安を螺旋状に高めていく「モラルパニック」を引き起こすことに、そうした言説の影響が顕著に見てとれる。つまり、たとえ自分が暮らす地域の治安状況がさして深刻な危機に直面していなくとも、メディア報道を通じて知る「日本の治安の悪化」の方が、よりリアルなものとして受け止められる。その結果、人々が抱く「体感治安」は、現実の治安実態とは必ずしも相関することなく、どこまでも悪化していくのである（河合 2004）。

このように「テロの脅威」や「治安の悪化」といった脅威の高まりを背景にして、監視の強化と徹底が必要不可欠な対抗措置として提案される。社会全般に脅威や危機が感じ取られていることは、監視を強めていくうえで格好の条件となる（グラスナー 2004）。だが、ここで注目すべきことは、近年の「危機感の高まり」を背景として、警察・行政を担い手とした監視強化が一方的に進められるだけでなく、そうした監視強化を多くの人々が甘んじて受け入れ、場合によっては歓迎すらしているという事実である。かつてであれば沸き上がったであろう「プライバシーと人権」を掲げた抵抗や異議申し立ての運動は、今日では極めて少なくなっている。むしろ逆に、少なからぬ人々が「テロ対策のため」や「治安改善のため」に監視のさらなる徹底を積極的に要請しているのが、今日的な状況にほかならない（斎藤 2004）。

ここには、一般の人々による「監視」の受け止め方におけるドラスティックな変化が見てとれる。

これまで監視は、個人の自由やプライバシーを制限する「見張り」として理解されてきた。つまり、監視強化は私たちの日常生活を窮屈で不自由なものにしかねない、との共有認識があった。だが今日では、そうしたネガティブな監視の受け止め方とは対照的に、監視のお陰で安全や安心が保障されると考えるポジティブな受け止め方が広がっている。内外の脅威から私たちを「見守る」有効策として、監視が受け入れられつつあるのだ。

「禁止」から「自由」へ

監視のまなざしが「見張り」ではなく「見守り」として受け入れられるようになった背景には、監視のあり方自体の変貌も指摘できる。かつてミシェル・フーコーは、ジェレミー・ベンサムが考案したパノプティコン（一望監視装置）に着想を得て、監獄における囚人と看守の関係をモデルとする近代的な規律訓練（discipline）によって権力が生成されるメカニズムを解明した。そこでの議論によれば、看守の視線は囚人に内面化され、そのことによって囚人は自らを律する「主体」として形成される。そのように主体を積極的に形成することを通じて、近代的な権力は成り立つ。こうした規律訓練による権力は、監獄だけでなく、病院・学校・工場など近代的な制度を通じて遂行されるのである（フーコー 1977）。

近年の学校教育での心身育成の実践に見てとれるように、現代においても規律訓練型の権力が重要な位置を占めていることは言をまたないであろう。しかし、規律訓練を通じた主体形成による権力だけが現代社会を特徴づける権力のあり方ではない。フーコーの議論を批判的に検討するなかでジル・ドゥルーズは、「規律社会」とは異なる「管理社会」として現代を理解する必要性を指摘した（ドゥルーズ 1996）。このドゥルーズの議論を踏まえて、「規律訓練型権力」とは区別される「管理型権力」が現代の監視社会では中心的な位置を占めつつあることを、これまでにさまざまな論者が指摘してきた（東・大澤 2003、岡本 2005、酒井 2001、渋谷 2003、鈴木 2005）。

ここであえて単純化・図式化して説明するならば、「規律訓練」と「管理」との違いは以下のようなものである。規律訓練では、禁止と奨励を取り混ぜた視線（囚人にたいする看守のそれに典型的に表される）の働きを介して、自らを律する「近代的主体」として個人を形成することが目指される。個々人は、たとえ権力者が実際には見ていなくとも、自らの内側に自分自身を見張るまなざしを作り上げてしまう。そうした「自己」に関する規律訓練を介して、権力はミクロレベルにおける社会的関係性のなかで作動する。

こうしたフーコーの権力論にたいしてドゥルーズは、現代社会では規律訓練よりも「管理」が、権力作動のあり方を解明していくうえで重要であると指摘する。ドゥルーズが述べる「管理」とは、ただたんに人々の意思や自由を束縛するものではない。むしろ反対に、一方で個人の「自由」を尊重しながら、同時に「自由な個人」の行動をデータとして捕捉していくメカニズムこそが、現代的な「管理」の特徴だとされる。つまり、かつてのように規律によって個々の人々を「主体化」することなく、全体的な群れ／環境として管理する権力のあり方が、現代社会では中心的な位置を占めつつある。ドゥルーズは「管理社会」という独自の概念を提示することによって、現代における権力のあり方をそのように捉えたのである。

　ここでは、フーコー的な規律訓練型権力／ドゥルーズ的な管理型権力の内実について理論的・思想史的な検討をすることが目的ではない。監視社会における権力の問題を考えていくうえで示唆に富む二人の思想家の議論を援用する際に重要なことは、現実の監視社会では理論的な二者択一ではなく、二つの類型が複雑に絡み合うなかで権力作用が成り立っている点に注意を向けることである。つまり、「規律社会」から「管理社会」への変化を一元的な推移として考えるのではなく、複雑な現実社会における権力布置の変容を読み解いていくための「切り口」として理解すること。さらに、現在の「管理社会」における権力作動のあり方を、私たちの日常生活における具体的な事例との関連で論じていくこと。こうした理論・実証双方の課題に取り組むことが、規律／管理の二分類を踏まえた監視社会研究にとって重要だと考える。

　ところでドゥルーズは、規律型社会では各領域の区分けを前提とした「監禁」が重要な位置を占めるが、現代では「監禁」の効力が失効していることを指摘する。ここで言われる「監禁」とは、特定の空間に物理的／身体的に人々を閉じ込めることだけでなく、より象徴的な意味において、他から隔絶された社会的領域内で個人に特定の社会生活を強いる装置として理解できる。たとえば、「家庭」や「職場」とは明確に区別された「学校」という領域において子供を教育する近代的な義務教育制度は、ここで言う「監禁」による規律訓練を実践するものに他ならない。

私たちの日常生活を振り返っても、ドゥルーズが指摘する「監禁」の失効が確認できるだろう。しばらく以前からさまざまな形での「ボーダレス化」が取り沙汰されている。教育を例に言えば、「学校」は「一般社会」や「企業」からの要請に敏感に反応することを求められているし、義務教育だけでなく塾・家庭教師・予備校・専門学校・生涯教育といった教育システムが一般的なものになっている。そうした社会状況下では、これまでのように「学校」だけが子供の「教育」を担うべきとの考え方は、理念的にも現実的にも認められなくなりつつある。このような時代趨勢が表しているのは、社会領域間の境界が相互浸透していく事態にほかならない。ボーダー／境界が乗り越えられることによって、個人や集団を特定の領域へ閉じ込めることは、およそ現実的でなくなりつつある。これまでの「監禁」に代わって、いかに身軽かつ効率的に領域を横断しつつ課題をこなしていくか。そうした能力こそが、現代社会の諸問題を解決するうえで必要不可欠だとされる。実際の社会の動向からも、「監禁」に基づく個々人の規律訓練から「自由」な移動を前提とした環境の管理へと、権力作動の様式が変わりつつあることがうかがい知れるであろう。

あらためて言うまでもなく、「監禁」を通じた規律訓練で求められるのは、さまざまな禁止条項である。監獄の囚人であれ、病院で暮らす患者であれ、学校で学ぶ生徒であれ、彼／彼女らには「○○をしてはいけない」とか「××を禁じる」といった要求が課される。そうした「禁止」は外部から課されるだけでなく己自身の内面からも実践され、その結果、個人は「主体化」される。規律訓練における権力作動は、個人にたいする「禁止」を介して自らを律する「個人＝主体」を作り上げることに、その存在根拠を持っているのだ。
それにたいして「管理」において重要視されるのは、主体化された個人ではもはやない。字義通りに「個人」を分割不可能なもの（in-dividual）とみなすのではなく数値や情報に分割して捉えたうえで、それらデータの移動や流れを制御することが管理社会では重要な課題となる。

管理社会で重要になるのは、もはや署名でも数でもなく、数字である。規律社会が指令の言葉によって調整されていたのにたいし、管理社会の数字は合い言葉として機能する（これは同化の見地からみても、抵抗の見地からみても成り立つことだ）。管理の計数型言語は数字でできており、その数字が表しているのは情報へのアクセスか、アクセスの拒絶である。いま目の前にあるのは、もはや群れと個人の対ではない。分割不可能だった個人（individus）は分割によってその性質を変化させる「可分性」（dividuels）となり、群れの方もサンプルかデータ、あるいはマーケットか「データバンク」に化けてしまう。（ドゥルーズ 1996：296）

ここでドゥルーズが述べているように、一見すると「管理社会」に暮らす人々は「禁止」ではなく「自由」を手にしているように思われる。なぜならば、特定の領域への監禁による規律訓練を課せられるのでなく、さまざまな領域間を自由に移動することが奨励されるからである。もちろん、そうした動向は実のところ「個性尊重への接近をあらわしているのではなく、分割不可能な、あるいは数値的身体に、管理の対象となる「可分性」の素材を置きかえているにすぎない」（ドゥルーズ前掲:300）のではあるが、少なくとも個人の主観次元で捉えれば、ある意味で「禁止」とは対照的に「自由」をもたらすと理解されるのである。

以上のように、フーコーが解き明かした「規律訓練」からドゥルーズが指摘した「管理」への移行を理解すると、私たちがいま直面している現代社会の特徴のひとつが浮かび上がってくる。それは、かつてのように個々人に禁止だけを課すのではなく、少なくとも表面上は「自由」を奨励することによって発動される権力作用こそが、現在の監視社会を成り立たせているという事実である。

「事後」から「未然」へ

監視権力の作動様態における変化は、そもそもの監視の目的が変化しつつあることと密接に関わっている。従来から監視は、記録に収めデータを収集することを通じて、特定の対象を捕捉することを目的としてきた。警察活動における監視を例に説明すれば、容疑者であれ前科者であれ要注意人物であれ、ターゲットとして的を絞った特定個人の行動を詳細に観察し、記録を収集すること（どこに行き、誰と会い、なにをしたのか、等々）が典型的な監視活動の目的である。この監視において追求されているのは、既に生じた出来事（警察的な監視の場合であれば犯罪事件）に関してより多くの情報を得ることにほかならない。つまり、発生した事件にたいする捜査活動の重要な一要素として、監視の実践が位置づけられているのである。

「事後捜査としての監視」が現在においても重要な位置を占めていることは、あらためて言うまでもない。しかし同時に、「事後」に照準したものとは質的に異なる監視が日々の生活において広まりつつあることを、私たちの多くは肌身で感じている。それを一言で言うならば、「事後」ではなく「未然」の位相において、「特定」ではなく「不特定」のターゲットに照準した監視のまなざしが、現在の監視社会を特徴づけている。事後／未然、特定／不特定の対比で捉えられる監視の異なる様式は、監視カメラを事例として考えると分かりやすい。私たちはしばしば、マスメディアの報道を通じて、監視カメラが犯人逮捕に多いに役立ったことを知らされる。たとえば近年では、児童誘拐・殺傷事件が生じた際に、被害者の児童の手を取り商店街を歩いていた容疑者の姿が監視カメラに収められていた。その映像記録が犯人逮捕の有力な手掛かりとなったことを、テレビや新聞は繰り返し報じた。メディア報道に接した多くの人々は、監視カメラのお陰で犯人がすぐに逮捕された事件が解決したことを知り、監視装置である街頭カメラの威力を肯定的に評価するに違いない。たしかに、容疑者の姿を映したビデオ映像がなかったならば、早期の犯人逮捕は困難であったかもしれない。その点を踏まえるならば、事件の事後捜査において監視カメラは有効に機能したと思われる。

しかし、ここで素朴な疑問が湧いてくる。監視カメラは多くの場合、それを導入・設置する行政や地元の商店街によって「防犯カメラ」と命名されている。その名の示す通り、公共の場や街角にカメラを設置することで防犯＝「犯罪を防ぐ」効果が期待できると導入側は主張する。地域住民や顧客たちもごく自然に、「防犯のための装置」としてカメラ設置を容認しがちである。

だが、不幸なことに殺人事件は実際に起きてしまった。たしかにカメラは犯人の姿を捉えていたが、そのことが事件発生を抑止することは、結果的になかった。ここには、監視カメラを導入する際に常套句のように用いられる正当化のロジックの矛盾が見てとれる。一方で、おびただしい数の監視カメラを導入する目的は、事件が発生するのを未然に防ぐことにあると喧伝される。曰く、カメラがあることで安全／安心が保障されると。だが他方において、そうしたカメラの威力や効果が「実証」されるのは、なんらかの深刻な事件が起きた後なのである。要するに、「こんなことが起こらないため」に防犯カメラが必要であると言われながら、実際には「こんなことが起こって」はじめて、事後捜査における効用の点で監視カメラはお墨付きを与えられる。その意味では、実際に評価されているのはあくまで「監視」におけるカメラの効力であり、「防犯」としての効用ではない。ここには、監視カメラ導入に際して掲げられる目的と、その達成水準を評価する基準とのズレが端的に見てとれる。

だが興味深いことに、こうしたズレにもかかわらず、人々は治安を改善するうえで監視カメラは必要不可欠だと漠然と感じている。つまり、実際の防犯効果がどの程度なのかを冷静に判断することなく、「とりあえず防犯カメラを導入すれば治安維持に役立つはずだ！」と、私たちはなかば神話のように信じている。だからこそ、常に事後的にしか与えられない実証＝お墨付きであるにもかかわらず、多くの人々が「防犯のための有効な装置」として監視カメラを受け入れる。そして時には、自ら進んで監視カメラの視線に我が身を曝け出す。そこに垣間見える人々のメンタリティとは、体感レベルでの治安悪化を反映するかのように、とにもかくにも「事件が起こること」を未然に防ぐことに拘泥する、ある種強迫観念的な防犯意識である。現代の私たちがなかば無意識のうちに抱くそうした意識は、かつて藤田省三が全体主義批判において「安楽への隷属」として鋭く指摘した、自らにとって「不快なもの」を根本から無きものにしようとする「身勝手な野蛮」を彷彿とさせる。

　不快の源そのものの一斉全面除去（根こぎ）を願う心の動きは、一つ一つ相貌と程度を異にする個別的な苦痛や不愉快にたいしてその場合その場合に応じてしっかりと対決しようとするのではなくて、逆にその対面の機会そのものを無くして了おうとするものである。そのためにこそ、不快という生物的反応を喚び起こす元の物そのもののすべてを一掃しようとする。そこには、不愉快な事態との相互交渉が無いばかりか、そういう事態と関係のある物や自然現象を根こそぎ消滅したいという欲求がある。恐るべき身勝手な野蛮と言わねばならないであろう。（藤田 1995：30–31）

近年急速な勢いで監視カメラの導入が進められている背景には、好ましくない／望ましくない出来事の発生を未然に防ごうとする意識の高まりがうかがえる。そこで監視に期待されているのは、なにごとかが起こってからの対処ではなく、そもそも「なにごとも起こらない＝犯罪を予防」することである。ここには、監視に期待される二つの機能（事後捜査と未然防止）のバランスの変化が見てとれる。近年の危機意識の高まりのなかで、人々の懸念と関心はますます未然防止へと傾いてきている。そうした意識変化を背景として、なかばなし崩し的に監視の強化が進行しているのが、漠然とした不安に駆られた現代日本の実情であろう。そこでは、犯罪であれ、事件であれ、紛争であれ、なにかしら好ましくない／望ましくない事態を未然に防ぐことが、監視の第一義的な目的として位置づけられている。

3　監視と「自由」の関係変化

異議申し立ての困難

近年の監視の特徴を「見張りから見守りへ」、「禁止から自由へ」、「事後から未然へ」という推移として考えてきた。もちろん、これら三つの位相は相互に独立したものである。どれかひとつが決定要因となって、その他の次元における変化を規定しているわけではない。だが同時に、近年の体感レベルでの危機意識の高まりを背景として、それぞれの推移が密接に関連し合いながら、急激な勢いで監視化が進行している。

これまで論じてきた推移の視点から現在の監視社会の状況を捉え直すと、冒頭で述べた「快適な空間」が、どのような監視の仕掛けのもとで成り立っているのかを、より立体的かつ理論的に捉えることが可能になるだろう。安全を確保するために人々が見守られ、禁止でなく自由に行動することを奨励され、そもそもなんらかの問題を引き起こすような出来事が生じる危険性から未然に守られているのだとしたら、そうした社会状況は個々の人々にとって決して嫌なものではないはずだ。たとえ不特定多数の対象に向けられた監視のまなざしに晒されるとしても、安全と快適が保障されるならば、多くの人々は監視社会を甘んじて受け入れるであろう。そのこと自体は、ごく自然なことに思えてくる。

このように考えてくると、近年の監視強化がさしたる抵抗もなく受け入れられていく理由が明らかになると同時に、現在の監視のあり方そのものが、従来想定されていたのとは質的に異なるものに変わりつつあることが確認できる。これまで監視社会への異議申し立てを支えていたのは、個人の自由やプライバシーが監視強化によって侵害されることにたいする危惧や危機感であった。本人が知らないうちに個人についての情報やデータが収集・蓄積・分析され行為が細部にわたるまで観察されることによって、人々の「自由」が脅かされる。そのことにたいする違和感や抵抗感が、監視への批判となって現れた。しかしながら、今日的な監視はそうした違和感が問題視する「自由の侵害」を、必ずしも引き起こしているわけではない。むしろ反対に、少なからぬ人々が、安全や利便性のために自ら望んで監視の対象になっている。なぜなら、監視のまなざしのもとでこそ人々は安心して自由に振る舞うことができるという皮肉な状況が、生まれつつあるからだ。

インターネットの世界では、「監視のもとでの自由」が日常的になりつつある。たとえば、必要な情報を迅速かつ大量に手に入れるため、ネット利用者たちはメーリングリストに登録する。その際、自ら進んで氏名・住所・所属などプライバシー情報を第三者に公開することは珍しくない。そのことにたいして強い抵抗感を持つ人は、それほど多くはないだろう。なぜなら、メーリングリストやサイトへの登録をしなければ、そもそも手に入れたい情報にアクセスできないからである。自由自在にネットを使いこなすためには、個人情報を公開し自己に関するデータを監視の視線に晒すことが、不可避の条件なのである。

自由を制限し抑圧するのではなく、自由を保障することで監視が作動している状況において、監視それ自体にたいして嫌悪感や抵抗感を抱くことは容易ではない。それはなにも、監視を通じて発揮される権力や暴力にたいして、私たちが鈍感になったことを意味するわけではない。これまで違和感や抵抗感の根拠となっていた「自由」とは異なる位相において、現在の監視権力は作動している。それゆえ私たちは、監視が引き起こす問題にたいして「微かな違和感」以上のものを抱きにくいのである。

一方で個性や多様性を容認しながら他方で監視を徹底することで「微かな違和感」を私たちに感じさせる現代の権力作用とは、フーコーがイデオロギーに根ざした全体主義とは異なる「治安社会」における「新型の権力」として注意を促したものにほかならない。

今設置されつつある治安社会の方は、他と異なっていたり変化に富んでいたりするような、極端な場合には逸脱したり互いに対抗し合ったりさえするような一連の振る舞いにたいして寛容です。なるほど、そうした振る舞いは、偶発的で危険だとみなされた事柄や人、振る舞いを取り除くようななんらかの包みのなかに入れられるという条件付きですけれども。このようにどこからどこまでが「危険な偶発事」なのかを決めるのは実際には権力側に属します。しかし、そうした包みのなかでの方が、行動の余地や複数主義が寛容な形で認められる度合いが、全体主義の場合よりも限りなく大きいのです。全体主義の権力よりも器用で狡猾な権力なわけです。

危険だと指すことが権力の効果であるからといって、全体主義型の権力という言い方をしてよいお墨付きにはなりません。これは新型の権力なのです。問題は今の現象を古めかしい歴史的な概念でコード化し直すことではありません。今起きていることのなかで何か特有なものがあれば、それを指さし、そうした特有性を分析しそれに相応しい言葉や記述を見つけながら、それを照会してそれと戦わなければならないのです。(フーコー 2000:538)

なにが侵害されているのか

それでは、私たちにさしたる嫌悪感や抵抗感を抱かせることなく進む現在の監視化の動向において、いったい監視の名のもとで何がなされているのだろうか。先に言及したドゥルーズの分類を用いて言えば、現在の監視において究極的に目指されているのは、個々人の行為を「規律訓練」するだけでなく、人々の間で社会的な行為が交わされる空間それ自体を「管理」することであるように思われる。内面への介入を通じて個人を「主体」として形成し、自己自身を律する＝監視するよう仕向けるのではなく、一見したところ個々の人々が自由に振る舞うことを許容するかのように見せかけておいて、実際には行為の生起そのものをコントロールすることが目指される。それゆえ、監視に晒される個々人の意識次元では、そのことにたいする違和感や抵抗感が生じることは極めて少ない。なぜなら、少なくとも主観次元では「自由が侵害される」ことはないからである。その点が、具体的な禁止が個人にたいして課され、そのことが反発や抵抗を引き起こしがちな規律訓練とは対照的である。

だがしかし、主観次元で自由が感じられることは、そこでの監視がなんらの暴力も発揮しないことを意味しない。むしろ逆に、「安全」や「秩序」といった価値基準に照らして好ましくない／望ましくない出来事が生じること自体を未然に防ごうとする監視のあり方は、「予測できない出来事の生来」という社会における潜在的な可能性をそもそも排除しようとする点において、究極的な意味での「自由の侵害」と言えなくもない。

しかしながら、現代的な監視によって自由が脅かされることにたいする私たちの危機意識は、必ずしも差し迫ったものとなっていないように思える。その理由は、そこで侵害されている「自由」を身をもって感じ取り、それを価値理念として唱えていくための「言葉」を、いまだ私たちが手にしていないからではないだろうか。逆に言えば、現在危機に晒されている「自由」を的確に捉える概念を見出せたとき、私たちは、より切迫した危機意識のもとで監視社会を批判的に捉え直すことができるに違いない。

そうした「言葉」の確立に向けた試みとして、次に「空間の自由」という視座から監視社会の現状について考えていく。

4 「自由な空間」と「空間の自由」

「個人の自由」のパラドックス

「空間の自由（freedom of spaces）」という言葉は、どことなく据わりが悪い。通常の言語感覚に照らすならば、「自由な空間（free spaces）」という表現の方が遥かに馴染みやすい。「自由な空間」とは、人々が何でも好きなことができる場所にほかならない。自分だけの個室は、そこで何をしていようと他人からとやかく言われることがない点で、自由な空間として意識される。また、一般に開放されている公園や広場は、一定の規則さえ遵守すれば各人が好きな過ごし方をできるという点で、自由な空間である。これら「自由な空間」に共通しているのは、そこに居る人が行為や表現に関して「自由」を発揮できることである。個室であろうと公園であろうと「好きなことを、好きなように」することを保障されている点が、自由な空間の条件である。

「自由な空間」に関する私たちの日常的な理解の仕方には、個人と空間をめぐる行為を中心とした発想が見てとれる。なぜなら、そこでの「自由」とはあくまで個々の人々の行為や表現に関するものであり、それらの営為を可能にする場所として、特定の領域が「自由な空間」として位置づけられているからである。その点で「はじめに行為ありき」との考え方が疑問の余地なく措定されている。別の言葉でいえば、「自由な空間」において第一義的に重要なのはあくまで行為主体としての個人であり、空間は個人の自由な行為や表現にとって必要な二次的要素として考えられている。この関係づけを、ここでは「行為中心主義」の発想として理解する。

「自由な空間」と区別して「空間の自由」という耳慣れない概念をあえて提示する理由は、私たちが日常的に用いる「自由な空間」という言葉に潜む個人を中心に据えた発想（行為中心主義）とは異なるかたちで、自由と空間の関係について考えてみたいからである。ここで想定する「空間の自由」とは、具体的な個々の行為や表現に先立って存在する空間それ自体のあり方を指し示している。それは、空間のあり方に潜む「自由さ＝潜在的な可能性」を言い表す概念である。論理的には、「空間の自由」が保障されている場所において、人々は自由に行為し表現することができる。だが、その関係はあくまで「はじめに空間ありき」である。空間が自由であるがゆえに、個人の自由も成立可能となるのであって、決してその逆ではない。いわば「空間中心主義」として捉えた自由と空間との関係を表す言葉が、ここでの「空間の自由」にほかならない。

このように「空間の自由」という視点を導入することによって、現代的な監視におけるどのような特徴が浮かび上がるのだろうか。まず指摘できるのは、「行為の規律化」から「空間の管理」へと移行しつつある監視社会では、「空間の自由」の徹底的な抑圧が図られていることだ。なんらかの出来事がそもそも発生しないよう監視を強めていくことは、社会的な空間を完璧なまでにコントロールしようとする暴力的な欲望に支えられている。秩序を維持し安全を確保することを目標に掲げて、社会的な空間を一元的に管理していく果てに現れる情景は、おそらく「空間の自由」の極北に位置するものに違いない。

　次に言えることは、こうした「空間の自由」の抑圧は、見せかけの「個人の自由」の増大と並行している点である。ショッピングモールの快適な空間が典型的に示しているように、監視のまなざしによって徹底的に管理された空間において、私たちは「自由」を享受することができる。監視をする側にとって好ましくない／望ましくない事態を決して生じさせないという大前提のもとでのみ、人々は楽しく好きなように振る舞うことを許されているのだ。

　このように考えてくると、現代的な監視社会の問題の根深さがあらためて明らかになる。たしかに、私たちの日常的な感覚に照らしてみたとき、見守り／自由／未然防止によって特徴づけられる現代的な監視のあり方はさしたる抵抗感も引き起こさず、むしろ望ましいものとして受け止められがちである。しかしそこでは、見えない制約のもとで「個人の自由」が奨励されながら、自己と他者との関わり合いが成り立つうえで必要不可欠な「空間の自由」が静かに、だが確実に蝕まれていく。私たちは、監視のまなざしが見守ってくれるお陰で「安穏とした日常[2]」を送ることができると思いがちである。だが実のところ、そうした快適さは社会における根本的な「自由」それ自体を犠牲にせざるを得ないという矛盾をはらんでいる。

空間における視線と音

「空間の自由」という視座に立つことで、現代的な監視社会に潜む問題点が明らかになった。最後に、それを乗り越えていくための課題について考えたい。個々人が「自由」を享受しているように見えるものの、それが自己と他者との出会いや関わりの可能性を奪い取ることを条件として成り立っているのだとすれば、私たちはどのようにして、個人の主観次元に留まることなく社会的な位相において「自由」を手に入れることができるのだろうか。別の言葉でいえば、個々の人々が好き勝手に振る舞えるという意味での「自由な空間」ではなく、多様で多彩な社会的な出来事が生起しうる「空間の自由」を実現させる条件とは、いったい何なのだろうか。

「空間の自由」のイメージをラフスケッチ的に描き出すために、私自身が遭遇した具体的な社会的場面の記述を交えながら考えていこう。

快適なショッピングモールのカフェテラスに微かな違和感を抱いてからほどなく、二つの「祭りの空間」に身を置く機会に恵まれた。一方は小学校を会場に行政・学校関係者が主催した盆踊り大会。他方は厄除で名高い寺院が主催した夏祭り。

学校での盆踊りは、典型的な夏祭りだった。グラウンドの中央に太鼓の舞台が据えられ、そこから四方に伸びた提灯の灯りが会場を照らす。夜店の屋台もいくつか出され、子供たちは嬉しそうに行列を作って並んでいる。そこには私が幼い頃に目にしたのと同じ日本のお盆祭りの情景が見られた。ただ昔と違うのは、会場の入り口の正門には「〇〇〔地区の名称〕見守り隊」と書かれたタスキを肩から掛けた警備ボランティアの人たちが立っていたことだ。見渡してみると、入り口だけでなく小学校を取り巻く公道の要所要所に「見守り隊」の姿が確認できた。自分の子供たちを学校に通わせている保護者たちは、日ごろから「子供の安全」を気にかけ、学区内や地域社会への「不審者の侵入」に目を光らせている。そうしたお父さん／お母さんたちが祭りの担い手であることを考えれば、「見守りのまなざし」が祭りの場に持ち込まれることは、至極当然である。

「厄神さん」で行なわれた祭りは、伝統的であると同時にどこか現代風な、不思議な多様性に満ちた祭りであった。出し物は、老若男女取り混ぜた演者による太鼓演奏、お世辞にも有名とは言えない演歌歌手による「歌謡ショー」、音楽学校講師を中心に結成されたロックバンドによるライブ演奏、一枚二〇〇円の券を買って参加する「大ビンゴ大会」といった具合である。参加者たちの顔ぶれは、親子連れ、若いカップル、中高生のグループ、地域の商店街関係者とおぼしき仲間たち、となかなかに多彩だ。

境内には警備会社から派遣された警備員がメガホンを持って立っていた。祭りの最後を飾るビンゴ大会の頃には、混雑に伴う事故の発生を懸念して制服姿の警察官も数名現れた。しかし、警備員のお兄ちゃんは言うことを聞いてくれないチビッコたちに苦笑いをしていたし、警察官はどことなく手持ち無沙汰で、談笑を交わしていた。警備の現場の雰囲気はいたって和やかなものであった。

あえて印象を述べるならば、私は「厄神さん」のお祭りにどことなく居心地の良さを感じた。他方で小学校の夏祭りには、ショッピングモールに居たときと似た違和感を禁じ得なかった。二つの祭りにたいして私が抱いた印象の違いは、そこでの「空間のあり方」の違いに起因しているように思える。

小学校の祭りでは、外から監視する「見守り隊」のまなざしに会場全体が晒されている。内部の踊りの空間では、太鼓の舞台を中心にして、グラウンドの四つの面のひとつが本部席になっていて、そこから会場全体がほぼ完璧に一望できる。つまり、関係者・主催者が陣取る本部席が、祭り会場全体を眺め渡す視線の拠点になっている。その証拠に、舞台の上で太鼓を叩く青年の姿は、本部席の位置から見て「正位置」に映るよう設置されている。さらに、グラウンドを会場とした踊りの空間では、視線が一元化されてしまう。会場内を歩いていても視線の上下動がまったく生じないため、祭りの参加者たちはフラットな空間に身を置くことになる。平板化された視界の唯一の例外は、中央に据えられた太鼓の舞台である。だからこそ、中央舞台は物理的にも象徴的にも「中心」として位置づけられるのだ。こうした空間配置のもとで会場は秩序だったものとして演出され、祭りに集う人々の行為（きちんと行列をつくり夜店に並ぶ）と表現（きちんと環になって踊る）を通じて、盆踊りは賑やかさのなかでも粛々と進んでいった。

これにたいして「厄神さん」の祭りには、端的に「中心」がない。太鼓演奏は本堂の前でなされるが、歌謡ショーの時間になると、本堂から見て左手の御堂の前で演歌歌手がスポットライトを浴びながら熱唱する。ビンゴ大会にいたっては、あまりに多くの人々が集まってくるので、舞台に置かれた電光掲示板はどの位置からもほとんど見えない。進行役が告げる数字を聞いて参加者たちは自分のカードを確認し、喜びや落胆の声を上げている。境内は立体的になっているので、本堂がある「階上」にいる人たちだけでなく、夜店が出店している「階下」にいる人々もビンゴに参加する。階下から上がってくる時は本堂を上方に眺めながら階段を登り、その次には若干見下ろすかたちで御堂の前の出し物に視線を送ると言った具合に、会場内を移動する過程で参加者は何度も視線の上下運動を自然に強いられる。会場内では視線の高さが一定に保たれることがないので、祭り全体を見渡す起点を確保することは物理的に不可能である。そもそも祭りの企画と演出において、会場を一望することが考慮されていたようには到底思えない。その結果、「厄神さん」の祭りは「中心」を据えた秩序体系のなかで粛々と進むというよりも、その時々に「中心」を変えながら、なかば場当たり的に流れていった。

同じ夏祭りの会場でありながら、小学校と寺院とでは「空間のあり方」において大きな違いがあった。そのことは「声／音のあり方」とも関係していた。小学校のグラウンドでは、マイクから流れてくる司会進行役の声と音楽が会場を覆い尽くしていた。フラットな視界が広がる会場全体にどことなく威圧的に響き渡る電気仕掛けの盆踊りの唄を聴いて、私はショッピングモールでの体験を思い出した。オープンスペースのなかで視界が広がっていくように感じられるものの、実のところ高低感を欠いたフラットな視線が強いられる。みなが好き勝手にお喋りしながらも、呼び出しブザーや店内放送の声が人々の振る舞いを遮ってしまう……。快適なカフェテラスと楽しげな小学校の祭り会場とは、声／音が空間全体を支配しがちである点で奇妙なまでに似通っていた。「厄神さん」における声／音は、それとは大きく異なっている。太鼓演奏は生の音で奏でられるので、近くにいればよく聞こえるけれど、階下で夜店の行列に並んでいる子供たちにはあまり聞こえない。バンドのライブ演奏はアンプとスピーカーを通しているが、会場全体にスピーカーが張り巡らされているわけではないので、どこにいても同じように聴こえるわけではない。境内では、なんらかの声や音が会場全体を支配することが物理的に不可能なのである。さらに、人々による声／音の受け止め方には、独特の緩さが見てとれた。祭りの途中で住職が挨拶がてらマイク越しに語りかけるのだが、聴衆は静まり返って聞き入っているわけではない。神妙な面持ちで耳を傾ける人もいれば、駄々をこねる子供を叱りつけている母親もいる。夜店の売り子たちは、客への対応や呼び込みに余念がない。そうした雑踏のなかで法話は進んでいく。だが、人々は住職が喋るのをまったく聞いていないわけではない。ユーモアを交えた話は、たしかに聞き入れられている。ただ、その音声が特権的な位置を占めることはない。その他の多様な声（母親の／子供たちの／売り手たちの、等々）と混ざり合いながら、法話は会場のなかに吸収されていく。こうした音と声をめぐる一種独特の緩さは、小学校での夏祭りには感じられないものであった。

「広場の自由」と「街路の自由」

二つの祭りの違いを分析的に記すならば、以下のようになるだろう。小学校の盆踊りでは、参加者たちは中心のある空間構成のなかでフラットな視線を強いられ、シンボリックな中央から発せられる声／音に晒される。それにたいして「厄神さん」の夏祭りでは、その時々に変わる複数の中心を持つ空間のなかで、人々は視線の上下を自然に強いられながら、さまざまな声／音が混ざり合う空間に身を投じることになる。空間における視線と音のあり方の違いが、二つの祭りにたいして私が異なる印象を持つに至った原因だと考えられる。では、こうした違いは「空間の自由」を考えていくうえでどのような示唆を与えてくれるのだろうか。

二つの祭りにおける視線のあり方の違いは、モノオキュラー（単眼的）／バイオキュラー（複眼的）な空間の違いとして理解できる。なんらかの中心点を持ち、そこを起点に発せられるまなざしがその場全体を掌握するとき、そこではモノオキュラーな空間が成立する。あらためて言うまでもなく、すべての物事を一望のもとに見渡そうとする監視の視線は、モノオキュラーな空間を作り出すものにほかならない。それにたいして、確固たる中心がなく、さまざまな視線が互いに交差することで成り立つ場は、バイオキュラーな空間である。それはなにも、中心なき無秩序を意味するわけではない。それぞれが独自な視点を持ちながらも、どれかひとつが支配的になることなく、つねに多様な視界が共存している。そうした自由な視線のあり方を可能にするのが、バイオキュラーな空間である。

小学校と寺院における音のあり方の違いは、モノフォニー（単声的）／ポリフォニー（多声的）な空間の差異として理解できる。中心から発せられる権威的で強圧的な声／音が空間全体を覆い尽くしてしまう場を、ここではモノフォニーな空間として理解する。そうした権威は、たんに物理的なもの（大きな音）だけでなく、よりシンボリックな意味合い（聴くべき音）を含んでいる。音によって空間を管理するうえで最も手っ取り早い方法は、軍隊など権威主義的な集団の集会で典型的に見られるように、「聴かせるべき声」だけを全体に響き渡らせることである。その一方で、聴くべき声に対抗する諸々の声／音を雑音（ノイズ）として禁じることで、音による場の支配は徹底される。ただひとつの音だけが空間を支配するとき、そこには差異や多元性を許容しないモノフォニーな空間が生み出される。それにたいして、さまざまに異なる拠点から発せられる多数の声／音が、相手を打ち負かすべく競合するのではなく互いに響き合うとき、そこにはポリフォニーな空間が生まれる契機が見てとれる。なにかひとつの音声が他を圧して優越することなく、しかし同時に騒音に満ちた無秩序に陥ることもない。場全体におけるなにかしらの調和＝ハーモニーが感じ取られるとき、その空間は多声的なものになる。

モノオキュラー／バイオキュラー、モノフォニー／ポリフォニーの違いが生まれる背景には、二つの「空間」の類型の違いが見てとれる。小学校のグラウンドは、周囲から区分けされた「広場」である。他方、寺院の境内はそこを自由に人が行き交う「街路」としての性格を持っている。「広場」では、空間全体のまとまりの度合いが高いので全体を一望することが容易であり、効率的に声を響かせることもできる。そのことは一方で、「外部」から遮断された「内部」の空間において、個々人が自由に活動することを可能にする（放課後に子どもたちは自由に遊ぶことができる）。だが他方

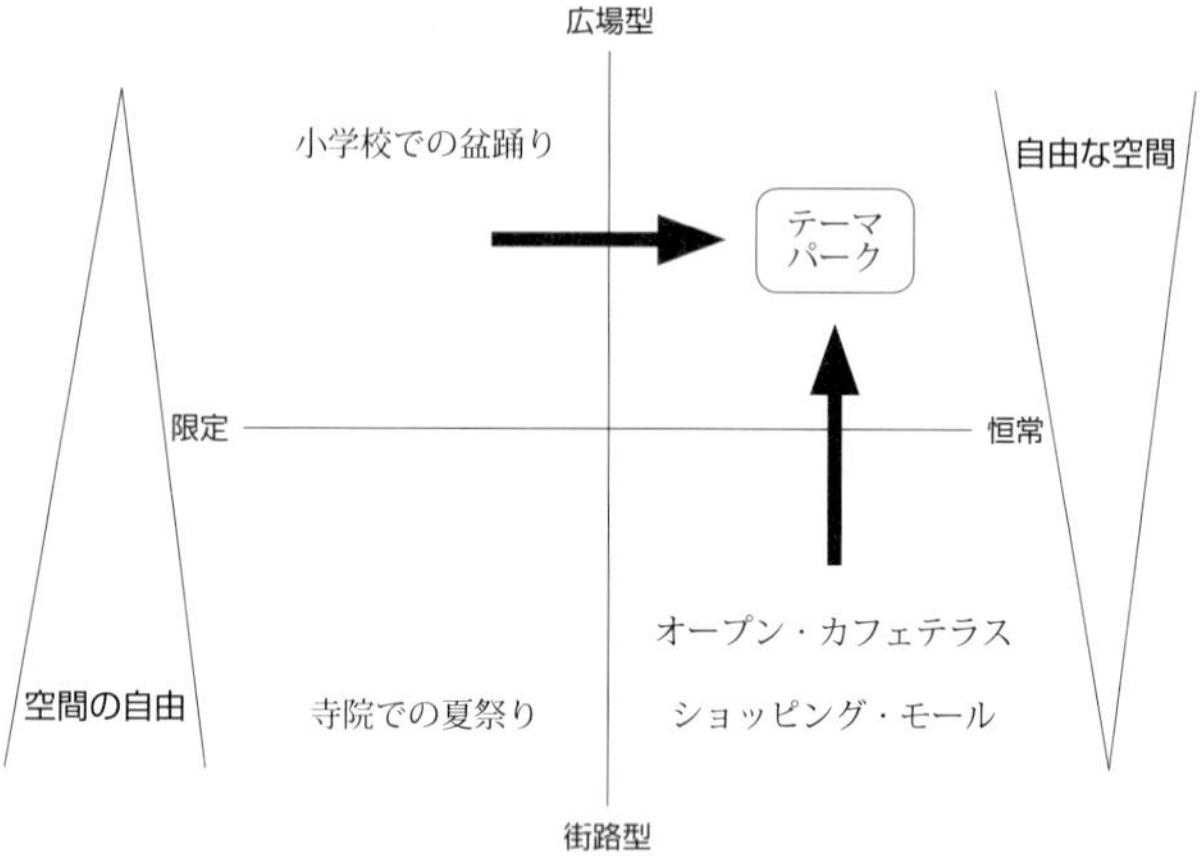

図1－1「自由」との関係における空間の分類

で「広場」という空間は、人々を一カ所に集め画一化された行動を全体に強いるうえで格好の場ともなりうる（子どもたちは運動会のときにマスゲームを強いられる）。つまり、広場では人々が自由に振る舞うことができるが、それは全体＝マスとして動員されることと表裏一体である。

「街路」は外部との境界が入り組んでおり、独立した区画としての自律性が低い。そのため、全体を掌握することが容易でない。人々は気ままに街路を通過し、あるいは立ち止まり徘徊する。出入りが激しくさまざまな人が行き来する街路は、全体としてのまとまりに欠ける。そのため、なんらかの目的や目標をもって人々が集うのには必ずしも適していない。だが他方で街路は、見知らぬ者同士が邂逅《かいこう》を果たす場でもある。街路という空間は思わぬ出会いに満ちている。こうした広場／街路の空間としての違いが、学校のグラウンドと寺院における異なる視線と声のあり方を生み出していると考えられる。

ここまでの議論の「結論」として、冒頭に述べた「微かな違和感」を解き明かすべく「自由と空間」の関係を図式化してみよう。縦軸に広場型－街路型の軸を、横軸には空間における「自由」の発揮が時間的に限定的（一時的）－恒常的（継続的）の軸を設定して四象限を設けると、右の図のように諸空間を類型化できる（図1－1）。

5　テーマパーク化する社会と「自由」の危機

図のように整理すると、私たちが日常において経験する「快適な空間」が、ますますテーマパークに似通ってきていることが理解できる。ここで言うテーマパーク化とは、特定の空間を厳格に区画化したうえで、その領域内で「楽しい世界」を作り上げることである。そもそもショッピングモールとは、その名が示す通りmall（並木道）として街路的な色合いを強く持つはずである。だが現在では、おびただしい数の監視カメラの視線が隅々まで「見張る」ことで、あたかも外部からの侵入者や内部の異物を許さないテーマパークのような様相を強めつつある。[3] 私が微かな違和感を抱いた快適なカフェテラスは、人々が行き交うモールというが空間そのものが、徹底的な「見守り＝見張り」に支えられた安全で快適なテーマパークになりつつあることを如実に示していたのである。

他方で、学校での盆踊りが「見守るまなざし」のもとで開催されることにも、別の位相でのテーマパーク化が見てとれる。子供たちを取り巻く一般社会の危険性が声高に叫ばれるなか、学校は外部にたいして門戸を閉ざす傾向をますます強めつつある。子供たちの安全と安心を確保すべくグラウンドや校舎に監視カメラを導入する近年の動きは、周囲からの脅威に対抗すべく学校空間を「要塞（fortress）＝テーマパーク化」する試みのように映る。それはなにも、学校が遊園地のように楽しく愉快な場所になることを意味しているのではない。そうではなく、外部から遮断された広場型の空間において、徹底した監視と管理に支えられてはじめて子供たちが「自由」を享受できる点で、テーマパークと似通ってくるのである。

このように見てくると、現代社会のさまざまな空間においてテーマパーク化が進行することによって、なにが失われていくのかが確認できるだろう。それは、境界区分の緩い街路型の空間において多様な視線と音が行き交うなかで、たとえ一時的であれ感受される空間と自由の関係である。別の言葉でいえば、好きなことを／好きなようにする「自由な空間」ではなく、見知らぬ他者との思わぬ関わりを生み出すような「空間の自由」が、今まさに失われつつあるのだ。[4] その意味で、現在進みつつある社会全般のテーマパーク化とは、一方で堅固に守られた「広場」のなかで人々が「好きなことを、好きなように」することを奨励しつつ、他方で「予期せぬもの」や「思いがけぬもの」を徹底して排除することによって、社会的な空間における「他者性」＝差異を骨抜きにしようとする権力作用なのである。

安穏とした快適という見せかけのもとで、「自由」を徹底的に奪っていこうとする現代的な監視の暴力。それはメディアによってスペクタクル化されたお祭り騒ぎへと人々を惹き入れながら、真の意味での「他者との邂逅」を根本から抑圧する。そうした現代的な管理社会に対抗するうえで、「空間の自由」のあり方を理論的かつ実践的に探求していくことが、今なによりも求められている。

注

・1　「防犯カメラ」という表現がより一般的であるが、その名称にはカメラを導入する側（警察・行政・商店街等）の正当化の意図が見てとれること、ならびに後述するように街頭カメラは必ずしも「防犯」機能の点で人々に受け入れられているわけではないこと、の二つの理由から本稿では「監視カメラ」との表現を用いる。

・2　「安穏とした日常」とは、まさに安心／安全＝セキュリティが確保された状態である。こうした「安穏さ」に潜む問題点については、阿部（2004）参照。

・3　Barber（2001）は、「世界をテーマパークにしよう」とする傾向をディズニー化（disneyfication）と位置づけたうえで、都市郊外のモール空間を批判的に分析している。Barber によれば、モールが作り出す広場は、もっぱら消費活動をするべく人々が集う場であり、そこでは本来的な公共空間が成り立つうえで不可欠な、民主的な政治活動が担保されていない。

・4　間宮（2005）は、見知らぬ他者との出会いや関わり＝「交わり」が都市の特徴であるべきだが、近年、都市空間における他者性が低減していることを批判的に指摘している。

参考文献

東浩紀（2002–03）「情報自由論」（1–14）『中央公論』
東浩紀・大澤真幸（2003）『自由を考える』ＮＨＫブックス
阿部潔（2004）「監視社会における『幸福』の条件」『先端社会研究』創刊号、関西学院大学21世紀ＣＯＥプログラム「『人類の幸福に資する社会調査』の研究」
アレント、ハンナ（1974）、『全体主義の起原　3』大久保和郎・大島かおり訳、未來社
五十嵐太郎（2004）『過防備都市』中公新書ラクレ
ヴィルノ、パオロ（2004）『マルチチュードの文法』廣瀬純訳、月曜社
岡本裕一朗（2005）『ポストモダンの思想的根拠――9・11と管理社会』ナカニシヤ出版
小倉利丸（編）（2001）『監視社会とプライバシー』インパクト出版会
――――（編）（2003）『路上に自由を――監視カメラ徹底批判』インパクト出版会
――――（編）（2005）『グローバル化と監視警察国家への抵抗』樹花舎
河合幹雄（2004）『安全神話崩壊のパラドックス』岩波書店
ガンジー、オスカー（1997）『個人情報と権力――統括選別の政治経済学』江夏健一監訳、同文舘
ギデンズ、アンソニー（1999）『国民国家と暴力』松尾精文・小幡正俊訳、而立書房
キーフ、パトリック・ラーデン（2005）『チャター　全世界盗聴網が監視するテロと日常』冷泉彰彦訳、ＮＨＫ出版
グラスナー、バリー（2004）『アメリカは恐怖に踊る』松本薫訳、草思社
齋藤純一（2005a）「都市空間の再編と公共性――分断／隔離に抗して」植田和弘・神野直彦ほか（編）『岩波講座　都市の再生を考える1――都市とは何か』岩波書店
――――（2005b）『自由』岩波書店

斎藤貴男（2002）『小泉改革と監視社会』岩波ブックレット（No.573）
――――（2004）『安心のファシズム――支配されたがる人びと』岩波新書
酒井隆史（2001）『自由論――現在性の系譜学』青土社
渋谷望（2003）『魂の労働――ネオリベラリズムの権力論』青土社
鈴木謙介（2005）『カーニヴァル化する社会』講談社現代新書
デイヴィス、マイク（2001）『要塞都市LA』村山敏勝・日比野啓訳、青土社
ドゥルーズ、ジル（1996）『記号と事件――1972―1990の対話』宮林寛訳、河出書房新社
バウマン、ジークムント（2001）『リキッド・モダニティ――液状化する社会』森田典正訳、大月書店
バーバー、ベンジャミン（2004）『予防戦争という論理――アメリカはなぜテロとの戦いで苦戦するのか』鈴木主税・浅岡政子訳、阪急コミュニケーションズ
フーコー、ミシェル（1977）『監獄の誕生――監視と処罰』田村俶訳、新潮社
――――（2000）「治安と国家」『ミシェル・フーコー思考集成 VI』蓮実重彦・渡辺守章（監修）、小林康夫・石田英敬ほか（編）、筑摩書房
藤田省三（1995）『全体主義の時代経験』みすず書房
ベック、ウルリヒ（1998）『危険社会』東廉・伊藤美登里訳、法政大学出版局
――――（2003）『世界リスク社会論――テロ、戦争、自然破壊』島村賢一訳、平凡社
間宮陽介（2005）「交わりとしての都市――境界の視点から」植田和弘・神野直彦ほか（編）『岩波講座　都市の再生を考える3――都市の個性と市民生活』岩波書店
吉見俊哉（2005）「都市の死　文化の場所」植田和弘・神野直彦ほか（編）『岩波講座　都市の再生を考える1――都市とは何か』岩波書店
ライアン、デイヴィッド（2002）、『監視社会』河村一郎訳、青土社
――――（2004）『9・11以後の監視』田島泰彦（監修）、清水知子訳、明石書店

Barber, B. (2001) "Malled, Mauled, and Overhauled: Arresting Suburban Sprawl by Transforming Suburban Malls into Civic Space", Marcel Henaff and Tracy B. Strong (eds.), *Public Sapce and Democracy*, University of Minnesota Press

2章　ストリートの快楽と権力——消費社会のスペクタクル

成実弘至

1　スペクタクル化する都市

大都市の繁華街、たとえば東京の銀座や表参道の大通りを歩いてみると、そこには華やかな空間が万華鏡のように広がっている。ブティック、ショップ、カフェ、ファストフード、レストラン、カットサロン、そしてウィンドウディスプレイ、ポスター、ビルボード、映像モニター……。眩い光にあふれた街のなかで、私たちはウィンドウショッピングに興じて楽しいひとときを味わったり、あるいは場違いな思いに駆られて足早に通り過ぎたりする。

九〇年代後半に顕著になったのは、バブル崩壊だ不況だといわれながら、いやそれゆえにこそ、一等地にあった古い建物がスクラップ・アンド・ビルドされ、より洗練された商業スペースが雨後の筍のごとく簇生している現象だ。このような大規模再開発のビルには必ずといっていいほど高級ブランドが新規出店する。この数年、そんなブランドが路面店を構えるようになってきた。とりわけ表参道では、世界に名だたる建築家たちがルイ・ヴィトン、ディオール、プラダなどの店舗デザインを手がけており、ブティックがずらりと建ち並ぶこの通りの光景はさながら現代建築とブランドのショールームと化している。

写真2-1 ルイ・ヴィトンのオープニング風景。青木淳がデザインしたファサードはバッグのテクスチャーを表現する（写真は六本木ヒルズ店）

ブランド路面店の先鞭をつけ、その模範例ともなったのが二〇〇二年に竣工したルイ・ヴィトン表参道ビルだろう。建築家青木淳はファサードをヴィトンのバッグのテクスチャーを模してデザインしただけでなく、内部もトランクケースを積み重ねたように重層的なフロア構成にすることで、訪れた人々にブランドのメッセージがさり気なく伝わるように注意を払っている。バッグも旅行用のトランクもヴィトンのブランド・アイデンティティだ（写真2－1）。来場者は自分のいるフロアだけでなく、上下階にも視線を泳がせながら、豪華なブランド空間を十分に堪能することになる。青木はこの建物が商品を展示する空間であるとともに、ブランドの物語が読みとかれるテクストでもあるように設計した（青木 2005）。また、同じ通りにある伊東豊雄が設計したトッズ表参道店やヘルツォーク＆ド・ムーロンによるプラダ青山店は建物全体がガラスで覆われていて、半透明のバッグを想起させる。全面がガラスになっているので内部と外部の境界は曖昧となり、買物客と通行人のまなざしを交錯させる効果も生まれている。ブランド建築は見る・見られる欲望を巧みに操作する（成実 2003b）。

現代建築が消費空間と結びつく現象は今に始まったことではない。八〇年代に過剰な意匠によって一世を風靡したポストモダン建築も商業施設が多かった。だが、ブランド建築がそれらと異なるのは、派手な外見を競うだけではなく、作り手がブランドのアイデンティティや欲望を解読し、適確に建築の表層や構造へと翻訳していることである。建築家たちは自らの有名性や建築言語を提供するのに加えて、空間のシニフィアン／シニフィエがブランドそのものとなるような記号論を駆使する。建物や内装や商品を見たり場所を移動したりすることが、ブランドを学習することになる仕組みがそこに展開されている。

ギー・ドゥボールはすべてが商品として消費される状況を「スペクタクルの社会」と呼んで批判したが、都心の光景はますます「スペクタクル」なものへと変貌している。表参道に見られるように、街路を歩くことそれ自体がすでに消費の実践となっているのが現在の都市の状況である。しかし、この都市が若者たちによるストリートの文化を揺籃することも忘れるべきではない。ここでは消費文化を疎外論的な図式で否定するのでもなく、またポストモダンのユートピアとして肯定するのでもない語り方を探っていく。本稿の目的はスペクタクル化する都市空間においてどんな創造性や批評性がありうるのか、ひとつの事例を考えることである。そのために九〇年代の東京に遊ぶ少女たちを通して、ストリートにどのような自由と不自由があり、どんなまなざしの権力が作動しているのか、具体的に見ていくことにしよう。

2　ストリート・カルチャー

ガングロのスタイル

ストリート・カルチャーとは、資金や組織を持たない若者たちが路上や街の片隅で自発的に作り出す表現や活動を指している。これまでも音楽、ダンス、スポーツ、ファッション、グラフィティ、ミニコミなどの領域で、既存産業の枠組みから離れた独自の活動や新しい表現が発信されてきた。そのなかに都市の路上に漂いながら個性的なスタイルを作りだす若者たちの系譜がある。具体的にはアメリカのヒッピー、イギリスのモッズやパンク、日本の暴走族やタケノコ族などがそれにあたる。彼らは自分たち自身を誇示することに情熱を傾けたが、そのユニークな外見が大人の社会常識と衝突することもしばしばであった。

九〇年代、ヴィトンやグッチなどのブランド消費が盛んとなる時期、コギャルという少女たちが話題になったが、とりわけ世間を吃驚させたのが「ガングロ」である。その奇抜な外見には特筆すべきものがあったが、比較的短命だったこともあり、現在はほとんど顧みられていない。このガングロを手がかりにして、路上の文化について再考してみたい。

ガングロが渋谷や池袋を中心とした東京の繁華街で注目されるようになったのは一九九九年頃のことである。[1] 黒く焦げたような肌、白や青のアイシャドー、細くした眉毛に巨大なつけまつげ、ブルーやグレイのカラーコンタクト、白やピンクに塗られたリップ、茶髪や金髪や白メッシュの髪。原色や蛍光色のミニスカート、小さなリュック、異常に高い厚底のロングブーツやサンダル。その異形性は見る者に強いショックを与えた。

ガングロは「ガンガン黒い」というスラングに由来する。ほかにも「ガンギャル」、黒さがエスカレートした者に「ゴングロ」、さらに異形性の強い者に「ヤマンバ」などの呼び名があるが、これらは雑誌が名づけたようだ。東京を中心とした少女たちのスタイルだったが、テレビや週刊誌が扇動的に取り上げたのをきっかけに、全国的に注目されていく。しかし世間は一貫してこのスタイルに否定的で、ガングロを取り上げた雑誌記事のほとんどに「汚い」「醜い」などの識者や一般のコメントが並んでいる。ファッションはその新奇性ゆえに大人たちから叩かれることが多いが、これくらい悪評のみを与えられたケースも珍しい。

流行は二〇〇〇年にピークに達し、その後半には急速に鎮火していった。ブームを先導した雑誌『ｅｇｇ』が同年三月号で一時休刊したことや浜崎あゆみのような色白タレントが人気になったことが大きな要因と思われる。少女たちの肌は次第に白くなり、二〇〇一年にはメイクやスタイルもより落ち着いたものに変化していく。したがってガングロという身体表現はきわめて短期間の活動だった。多くの少女はこのあたりでガングロをやめたようだが、スタイルはその後も影響を及ぼしており、二〇〇四年には「マンバ」「センターＧＵＹ」と呼ばれるヤマンバ・メイクの男女が「ギャルサー（ギャルのサークルの略）」なるグループを作ってパラパラを踊るなど、新しい風俗として再生したことがメディアでも取り上げられた。

社会学では一般社会とは異なる独自の信念・信条や行動様式を持つ集団や文化をサブカルチャー（下位集団・下位文化）といい、二〇世紀前半シカゴの移民コミュニティや非行少年グループ、二〇世紀後半の英国の若者文化などの一連の研究が知られている。しかし、ガングロがあまりにも短期間に収束してしまったことを考えると、彼女たちをサブカルチャーと見なしうるかどうかは議論の分かれるところだ（もちろん外見の独自性に注目すればサブカルチャーということも可能である[2]）。

ガングロは「健康的でかわいい」

このような外見にはどんな意味が込められていたのか。ガングロをしていた少女たちのプロフィールを見てみよう。

渋谷のガングロ少女への聞き取り調査によると、その平均的人物像は一五〜一八歳を中心とした女子高生。東京郊外・近県に住む者が多く、家族関係はおおむね良好、アルバイトをして月数万のこづかいを稼ぎ、うち二〜四万をファッション代、一〜二万円を携帯電話の支払いに使うという（カルチャースタディーズ 2001）。関心があるのはファッション、カラオケ、クラブ、パラパラ、友人や家族やボーイフレンドなど身のまわりのこと。将来は二〇代で結婚して家庭を持つのを理想とする（写真2-2）。

「なぜガングロにするのか」という問いに対しては「健康的でやせて細く見えるから」という回

答が多い。ギャル系ファッションをはじめた理由としては「かわいいから」、そのほか「目立ちたかった」「かっこいい」がある。世間からは悪趣味に見えたスタイルだが、当事者は意外にも肯定的なのだ。しかし少女たちはガングロを長く続けるつもりはなく、ほかのインタビューでも「飽きたら変える」「ギャルは高校生まで」という意見が見られた（化粧文化編集部 2000）。若いうちは派手な容姿で目立ちたいが、いつかは落ち着いた外見に変える。かつての暴走族は「卒業」して社会に出ることを前提にした期間限定の「非行」だったが、ガングロもそれと似ているのかもしれない。しかし集団志向がないことや、遊び方もショッピングやカラオケやパラパラなどが中心であることが、暴走族との大きな違いだ[3]。

外見の異形性に比べると、少女たちはかなり「保守的な意識を持っている」（カルチャースタディーズ 2001：13）という。外見に強いメッセージを込めているわけでも、社会に強い反抗心を抱いているわけでも、独自の信条があるわけでもないように見える。

写真2-2 ガングロ少女のポートレイト（2000年12月撮影。©カルチャースタディーズ）

ガングロに限らず、若者たちが外見に自己アイデンティティを託さなくなったことは、九〇年代からよく指摘されてきた。「普段は優等生なのに援助交際している」「外見はパンクなのに考え方は真面目」などの例が、驚きとともに報告されたものだ（宮台 1997）。

これは高度消費社会が提供するスタイルが多様化・流動化したあまり、外見のシニフィアンがシニフィエから遊離し、恣意的に選択されるものになったことが一因だろう。外見はかならずしも内面の表出とは言えなくなっている。ガングロに対する大人たちの苛立ちは、身体を「汚く」することに加えて、その意味の「わからなさ」に起因していたのではないだろうか。もし彼女たちが社会に反抗するポーズでも気取っていれば、世間のまなざしはもう少し変わっていたかもしれない。

とはいうものの、内と外の関係がまったく剥離してしまうわけでもない。二〇〇三〜〇四年に女性ファッションと価値観の相関を調査した三浦展は、女性たちを「かまやつ女系」「ミリオネーゼ系」「お嫁系」「ギャル系」に分類し、ギャル系ファッションを好む女性は専業主婦志向・現状志向が強いと分析する（三浦 2005）。ギャル系はセクシーな女性らしさを重視したファッションで、茶髪やメイクへのこだわり方はヤンキーに近いという。価値観としては、ガングロもギャル系の志向と共通するところがあるのだろう。

日本に比べると、欧米のサブカルチャーは外見と内面が緊密に結びついている場合が多い。アメリカやイギリスでは、おそらく若い頃からずっと同じ格好をしているらしいヒッピーやパンクの中高年を街で見かけることがあるが、ガングロにはそのような価値観は窺えない。もっともイギリスでさえ、九〇年代以降のサブカルチャー研究は若者たちのアイデンティティが稀薄化・断片化していることを指摘するようになっている。テッド・ポレマスは九〇年代以降の若者たちが既成文化から適宜選択してスタイルを作るようになった状況を「スタイルのスーパーマーケット」と呼んだが、それは消費社会のポストモダン的状況とも関連していた（ポレマス 1995）。

こうして見ると、ガングロは欧米の伝統的なサブカルチャーと同列に考えるより、ストリートの上で誕生したファッションととらえるほうがわかりやすい。ストリート・ファッションとは若者たちがアパレル・流通産業から距離を置いて、音楽やメディアなどの影響を受けて生みだす流行のことで、一九八〇年代より頻繁に耳にするようになった言葉である[4]。それ以降もともと若者たちが自発的に作りだしたスタイルであっても、アパレル産業が目をつけて、あらかじめストリート風テイストを取り入れた商品開発をすることも増えてきた。現在、この言葉は古着やインディーズのファッションやヒップホップに影響を受けたスタイルを想起させるので、ガングロとはかなり傾向が違うが、少女たちが発信した流行ということではガングロもこの範疇に入れてよい。

なぜそんなに黒くするのか?

ガングロがほかのストリート・ファッションと異なるのは、外見を過剰なまでに装飾・加工する欲望の強さである。黒くなるために、日焼けサロンに通ったり、黒人用メイクやファンデーションを使う。目を大きく見せるために不均衡なまでに大きなつけまつげをつけ、アイラインを濃く書くために油性サインペンを使う者もいる。くちびるも原型が見えなくなるまで白く塗りたくる。髪も茶色というより白や金色に染める。このメイクやヘアスタイルに加えて、厚底のブーツやサンダルをはくため、独特な威圧感が生まれることになる。

これはきわめて異例なジェンダーの表象である。異性から好まれる女性イメージからあまりに遠いため、街でもナンパされなくなったほどだ。「男よりもガングロ」という確信犯やセクハラのトラウマからガングロに向かった少女もいたというが（ＡＥＲＡ編集部 1999）、たしかにこのスタイルは異性に好感を持たれることを度外視しているところがある。

またこれほどまでに黒さを追求したことも他に例がない。彼女たちは当時カリスマ的な人気を誇っていた安室奈美恵やブラック・ミュージックの歌手たちをファッションのお手本としていた（安室のファッションやメイクもブラック・ミュージックの影響）。戦後の女性風俗を振り返ると、エキゾチックな南洋風のメイクや健康的な小麦色の肌が流行したことはあっても、これほど黒さを誇張したものはなかった。とくに戦後の日本人は白人ブルジョワ的身体へのコンプレックスを抱いてきたが、ガングロは黒い身体を理想とするところが特徴となっている。

ガングロのスタイルは一般的な「女性らしさ」を異化しているが、これをフェミニズムからの影響と考えるのは困難である。むしろ、九〇年代のコギャル文化との連続性を見るほうが妥当だろう。

コギャルは九〇年代を通して多くの流行を生みだしたが、定番のファッションは、茶髪ロングヘア、日焼けした肌、ルーズソックスであった。そこには少女たちなりの美意識が込められている。髪を染めるのは見た印象を軽くし、ピンクやパステルの服と合わせるためであり、ルーズソックスや厚底ブーツは足を長く見せるためであり、日焼けはより細く遊び慣れた印象に見せるためであった。このスタイルがやがてひとつの様式となりステレオタイプの「コギャル」イメージを生み出していく。それは当時メディアが注視していた援助交際などの社会問題と結びつけられながら、九〇年代ファッション文化のひとつの様式となっていった。コギャルのスタイルが蔓延し陳腐化すると、流行はより大人らしい「ギャル系」へと路線を修正することになる。

実はガングロの身体加工はコギャルが実践してきたものの延長線上にある。ガングロの身体は均衡が崩れるまでにコギャルのスタイルを誇張していったものなのだ。なぜそんなことをしたのか。その理由はストリートで目立つためであり、「すこしでも目立つようにどんどんやってたら、こんなに黒く」なってしまったのである（女性自身編集部 1999）。

一般にストリートのスタイルはより目立つために先行するスタイルの表現をエスカレートさせていく傾向がある。たとえば暴走族も七〇年代はリーゼント、革ジャン、ジーパンのバイカー・スタイルだったが、後続の世代になると剃り込み、刺繍入りの特攻服、日章旗、改造バイクなど独自のコスチュームへと変化していく。これも前よりも強い表現を追求していった結果であるが、このような過剰化は古今東西のファッションに見られる特徴だ。また暴走族雑誌の編集長として長年彼らを観察していた比嘉健二によると、暴走族やヤンキーは七〇年代からR&Bやソウルを愛好していた（比嘉 1995）。彼らはブラック・ミュージックのもつ大人っぽさや不良っぽさに鋭く反応したのだそうだ。ガングロの過剰化志向や黒人文化への憧れは、ヤンキーに通じるものともいえよう。

ファッションは都市における匿名の存在である若者たちが自己顕示欲を満たすための数少ない手段である。少女たちの「目立ちたい」という欲望と過剰化から生みだされた表現がガングロだった。

しかしそれがひとつの様式になり流行となるためには、少女たちの欲望に形を与える社会的諸力が作動しなければならない。

3　少女と都市

センター街という舞台

若者文化は特定の場所をアジールとして必要とする。戦後、メディアに「○○族」と呼ばれる若者グループがいくつも登場したが、六本木族、原宿族、みゆき族、フーテン族のように特定の街と強く結びついていることが多い。こうした街には最新の商業施設があったり、ライブハウスや芝居小屋があったり、大使館や米軍関連施設があって異文化の香気が残っているなどの要因から、若者たちを引きよせてきた（馬渕 1989）。こうした場所で、若者たちは新しい店を発見したり、ネットワークを作ったりして楽しんできたのである。

ガングロ少女たちが集まったのは渋谷や池袋だった。これらの街は都心と郊外・近県を結ぶ鉄道の主要ターミナルであり、西武百貨店やパルコ、東急百貨店をはじめとする商業資本が一九七〇年代以降に集中的・継続的な開発をおこなってきたエリアであった。

渋谷といえば、商業ディベロッパーのパルコが七二年に進出し、当時は区役所に行く人通りしかなかったエリアに人々を誘導するため、渋谷パルコ上層フロアに劇場やギャラリーなどの文化施設を併設、さらに既存の通りに「公園通り」「スペイン坂」などの新しいネーミングを与えたり、ウォールペインティングを広告として活用し、都市を劇場空間として演出したことで知られている(アクロス編集室 1984)。八〇年代、この手法は都市論ブームと共振しながら、その他の都市開発にも援用されていく。これ以降、渋谷はさらに商業・娯楽施設を集積させて、都内でも有数の盛り場へと成長していった。

しかし、コギャルやガングロが渋谷に集まるのはパルコに行くためではなかった。DCブランドが主力テナントであったこと、知的な文化発信や挑発的な広告戦略からもわかるように、パルコ・パート1の顧客層は二〇代OL・女子大生を中心としていた。九〇年代、DCの低迷や文化戦略の陳腐化によりパルコの影響力は急速に衰え、さらにバブル期の乱開発により雰囲気も変わり、渋谷は中高生が学校帰りに立ち寄る盛り場へと変貌していく。やがて渋カジへと流行が決定的に変化すると、DC系をそろえた西武、丸井、パルコのある公園通りから、カジュアル衣料品店やファストフードの多いセンター街へと人の流れがシフトした。渋カジ(渋谷カジュアルの略)も当初は渋谷区・目黒区・港区の私立学校に通う遊び慣れた学生が着ていたスタイルだったが、やがて都立高校や近郊都市の中高生もそれを身につけて渋谷に群れるようになる(アクロス編集室 1995)。こうして、渋谷センター街は渋カジ、チーマー、コギャルなどの若者風俗の震源地となっていった。

このような低年齢化・ヤンキー化に対応して、ファッション・ビル渋谷109はエゴイスト、ココルルー、アルバローザ、ジャッシーなどのコギャル御用達ブランドをテナントに集め、少女たち

写真2－3 渋谷109前の風景。ガングロたちにとって渋谷は舞台空間である（2000年12月撮影。©カルチャースタディーズ）

のメッカとなる（写真2－3）。また日焼けサロンに加えて、安価に化粧品を提供するドラッグストアのマツモト・キヨシや大型雑貨店ドン・キホーテなどの安売りショップも続々とオープンしていった。

渋谷109のファッション・ブランドは手頃な価格設定と単品中心の品揃えによって女子中高生に支持され、九〇年代後半に急成長する。その大きな特徴は顧客との距離の近さにある。エゴイストは「カリスマ店員」として話題になるような販売員をそろえ、少女たちのファッションの身近なお手本としただけでなく、顧客志向の接客を徹底させた。また企画スタッフも若い女性をそろえ、店頭の動きを読みとって売れ筋商品はすぐに海外に追加生産し、素材やディテールを微妙に変えた新商品を店頭に並べるなどの工夫が凝らされた（繊研新聞社編集局 2001）。こうしたブティックは商品を買うだけでなく、店員との濃密なコミュニケーションが交わされる空間でもあった。

都市は見る－見られるという関係を成立させる舞台である。先述の路上調査によると（数が少ないので統計的に有意ではないが）、週末に土日にやってきたガングロのうち東京居住者七人に対して、近郊県一四人、その内訳は都内が豊島区、荒川区、北区、府中市であり、近郊県は神奈川県横浜市が一番多かった（カルチャースタディーズ 2001）。彼女たちは周辺地域に住んで、週末に渋谷にやって来たわけである。渋谷にはコギャル・ブランド、安売り化粧品、日焼けサロン、ファストフード、カラオケボックスなどがあるだけでなく、同じテイストをもつ人々とコミュニケーションできる点が魅力的なのだ。北田暁大は九〇年代以降のパルコ的空間戦略の失効を論じて、都市に舞台性を求めない〈ポスト八〇年代〉のまなざしについて分析しているが、九〇年代を通じて渋谷センター街の登場人物であったチーマーやコギャルたちにとっては、街はまだ十分に舞台として機能していたのである。

メディア空間シブヤ

少女たちにとって渋谷は現実の建物や場所だけでなく、メディアと接合するヴァーチャルな空間でもある。

ガングロをスタイルとして流行させるのに最も貢献したのは、少女たちにファッション・イメージを提供する雑誌メディアである。とくに読まれていたのは『egg』『Popteen』『Cawaii!』『Happie』などのティーン雑誌だった。これらの雑誌はコギャル向けファッションの発信源として大きな影響力を持っていた。

これらの雑誌の特色は情報の作り手と受け手の距離がとても近いことだ。通常のファッション雑誌がデザイナー、編集者、スタイリスト、カメラマンによる洗練されたビジュアルやテイストを伝えるのに対して、読者からの投稿写真や普通の少女を誌面に登場させることで、情報の受け手であ

写真2-4『ｅｇｇ』1997年９月号，当初は女子高生の投稿雑誌

写真2-5『ｅｇｇ』2000年３月号，ガングロの絶頂期

る少女たちの日常生活にかなり近い世界観を提示する。

もともと読者投稿雑誌であった『Ｐｏｐｔｅｅｎ』や『ｅｇｇ』は読者と積極的に交流、編集部も学校帰りの女子高生に開放して、その雑談から企画を作ってきた。目立つ少女はモデルとして何度も登場させてファッション・リーダーに祭り上げていく。このような雑誌は高所からの啓蒙ではなく、同じライフスタイルの読者コミュニケーションを媒介するものだ。情報誌というよりコミュニケーション・ツールなのである。

ガングロブームを主導した『ｅｇｇ』は読み手志向の誌面作りを徹底し、ほぼ全ページに読者が登場している。その女性像を見ると、九七年には普通の女子高生だが、九九年五月号で「ガンギャル」特集を組んだあたりから、色黒度がエスカレートしていく。同年九月号には「ゴングロ三兄弟」、二〇〇〇年三月には「ブリテリ（鰤の照り焼きのように黒い）」なる読者モデルを登場させている（こうしたネーミングにも独自のユーモアが垣間見える）。しかしその年の後半にはもう黒さを揶揄するような視点を打ち出している。これらはほぼガングロの盛衰に歩調を合わせている（写真２－４、２－５、２－６）。

ストリート雑誌は渋谷、原宿、表参道などで写真撮影をするので、雑誌が注目するようなスタイルで街に出かけると記者やカメラマンに声をかけられる可能性は高い。それは少女たちにとって比較的簡単にメディアに登場する機会となる。少女たちはメディアに見られたいという欲望を満たすために、郊外からこれらの街を目指すのである。

写真2-6『ｅｇｇ』2004年７月号，マンバというスタイルが出現

『ｅｇｇ』の誌面はほとんど読者のファッションと日常生活（友人やボーイフレンドの話題や性体験の告白など）を紹介する記事で占められており、現状肯定的な価値観を強く印象づける。誌面は読者の欲求に忠実に作られているように見えるが、実際には編集側の作為や創作がかなり入っていると思われる。ファッション雑誌は読者に理想の身体像を視覚的に提示することで、読み手にジェンダー・アイデンティティを学習させる働きがある（クレイク 2001）。『ｅｇｇ』が読者を誌面に参加させているといっても、取り上げる話題を偏向させることによって消費主義的・快楽主義的な方向へと読者を誘導していることには変わらない。

さらに一般読者向けの新聞、雑誌、テレビがガングロの話題を興味本位に取り上げ、ステレオタイプ化することで、このスタイルをより広く周知させる。当事者以外の人々にとって流行はメディアの出来事として体験されるが、当事者にとっても自己意識が芽生える契機ともなる（ガンギャル、ゴングロ、ヤマンバなどは雑誌による命名であった）。少女たちの表象を構築するまなざしは、少女たち自身のアイデンティティのなかに取り込まれる。戦後の若者文化を見ても、メディアの扇動的な報道や興味本位の取り上げ方が事実を誇張した社会的表象を生み出し、モラルパニックを起こすことは稀ではない。世間の批判的な反響が高まると、その活動を抑圧するように当局が取り締まりに動き、元来の文化のあり方を変容させたり終焉させることになる。

メディアに取り上げられることは、少女たちに見られることの快楽をもたらし「セレブ」気分にさせる一方で、その身体に監視のまなざしを導入することにもつながり、アンビバレントな作用をもたらすことになる。

こうして見ると、ガングロというストリート・カルチャーは少女たちによる自主的・対抗的な実践ではなく、また資本が一方的に押しつける流行でもないことがわかる。都市空間において少女たちとさまざまな文化媒介者やエージェントが交渉する過程のなかで、ひとつの様式が生みだされた。とはいっても、それは軽やかに都市を浮遊する「スキゾフレニック」な記号の戯れなどではなく、家族、友人、地域、階層、ジェンダー意識などと関係し、少女たちが都市空間のリアリティのなかで立ち上げた文化であることに留意するべきだろう。

ガングロの創造性

ガングロをすることは、少女たちに都市を歩きまわり、買い物をしたり、踊ったり、見られたり見つめたりする楽しさをもたらす。このような行動は取るに足りない遊びにすぎないのだろうか。

これまでも都市のストリート・カルチャーは公共空間における身体表現や自己呈示の快楽が大きな動機となっていた。佐藤郁哉は暴走族のスタイル――グループ名、コスチューム、しぐさ、活動、単車や自動車の改造――を「祝祭性」という視点から分析し、暴走族のシンボリズムが「商品と消費者の戯れと、それを脚色し演出することによって増幅させてしまうマスメディアの協同によって偶発的に生じた、表出的な社会運動」（佐藤 1984:277）だと論じている。暴走族にとっても走ることは「遊び」であり、目立ちたいという欲望に駆られていた。

ガングロも渋谷という繁華街を舞台にしてメディア、ブランド、都市が協同することによる表現運動だといえる。少女たちはこの運動のなかでファッションの生成に加担した。

ファッションというとメディアや資本が操作するような印象があるが、流行は簡単に捏造されるものでも自然のなりゆきで生まれてしまうものでもない。ハーバート・ブルーマーはファッション産業への調査を通して、流行は複数の文化的媒介者（デザイナー、バイヤー、ジャーナリスト、一部消費者）が相互にコミュニケーションを繰り返すことにおいて、特定の商品が選択されていくプロセスであることを明らかにしている（Blumer 1969）。彼らは大量の商品を選択し捨象しながらひとつの流れを作りだしていく。それは現在を過去から切り離し、混沌とした時代に方向を与えることであるが、その方向性はメディアや産業が一方的にコントロールすることはできない。

すべてが移りかわる現代にあって、ひとつの服装を作りだすことは、特定のやり方で世界を解釈することともいえる。また、衣服をまとうことは「自分」に意味を付与し、可視化する実践でもある。鷲田清一は、衣服をまとったり化粧をしたりする理由は、断片的にしか知りえない「私」に統一したイメージを与えることだという。私たちにとって自分の外見は絶えずイメージとしてしか知りえず、不確かで曖昧なものとしてしか現れない。


この〈私〉という見えないものは、衣服や身体、さらにはそのヴァリアントとしての言語といった可感的な物質の布置のなかで、〈意味〉を通して紡ぎだされるものでもある。要するに、衣服=身体は意味を湧出させる装置でありながら同時に意味を吹きこまれるもの、つまりは意味の生成そのものなのだ。（鷲田 1989:25–26）

衣服には「個性」「ジェンダー」「帰属集団」「階級」「地域」「時間」「場所」などのさまざまな意味が込められている。ファッションとは意味づけを通して、自己を不断に組み立てたり解体したりすることにほかならない。

とくにガングロは「普通ではない」スタイルである。通常、流行の服を着たり化粧をすることは社会の求める理想像へと自分を馴致することにつながる。学生らしい、ＯＬらしい、かわいい、美しいといった評価を得ることがファッションの目的のひとつだ。しかしガングロは、既にあるスタイルを過剰化したり商品を組み合わせることでまったく異質なものへと作り変えてしまい、好まれる女性イメージを異化してしまう。こうした身体表現はディック・ヘブディジが英国の都市型サブカルチャーについて指摘した「ブリコラージュ」、身のまわりにある物を新しく組み合わせることで新しい意味を作り出す創造行為にかなり近い。これは文化人類学者レヴィ＝ストロースに由来する考えで、人類の原初的なシンボル操作のことである。

ガングロとは女性らしさを異化することで、都市において目立つための一種のコスプレなのだろう。奇抜なコスチュームをまとってキャラクターに変身する時、少女たちは都市における匿名の存在ではなくなる（マンバやギャルサーはガングロ以上に演劇性が強く、コスプレ度も高い）。こうしたスタイルによってはじめて「アイデンティティ」が獲得される。ジュディス・バトラーはジェンダーという「内部」は身体という「外部」に書きこまれた意味によって決定されると主張したが（バトラー 1999）、大袈裟に言えば、外見にまとうコスチュームこそがアイデンティティという内部を構築するということだ。ここにアイデンティティとスタイルの因果関係は転倒する。少女たちは都市に欲望をさらけ出し、稀薄なアイデンティティを補填する濃密なコミュニケーションと高揚感のなかで、自己像を構築していったのである。

4　まなざしと身体のポリティクス

近代都市と女性

公共空間において女性の身体はこれまでどのように見られてきたのだろうか。

ヴァルター・ベンヤミンは一九世紀パリの都市文化をテーマにした『パサージュ論』において、オスマンの都市計画や産業の発展が万国博覧会、パサージュ、流行品店、百貨店などの視覚的な消費空間を用意し、モードが生成していく様子を分析している。ベンヤミンは視覚優位の大衆文化が成立するこの時代の主人公として、街を自由に歩き観察する「遊歩者」をあげている。あらゆるものが変化する時代において、社会に繰り広げられる事態を観察することは都市体験の核心となる。この時代には写真、映画、百貨店、万国博覧会など、視覚の重要性が高まった時代であった。

近代都市は人々に外見の重要性を気づかせる。出会う人が顔見知りであるような親密な共同体とは異なり、そこは見知らぬ大衆が群れ集う公共の空間であり、他人を誰何《すいか》する手がかりはまず外見である。衣服の規範が階級の制約から解き放たれたとき、外見は人々の内面を映しだす媒体と見なされるようになる。ヴィクトリア朝時代のブルジョワ階級は外見に「階級」と「性」についての個人情報がうっかり露呈してしまうことを、ことのほか怖れた。一九世紀後半には顔を個人の同一性の根拠にすえる「司法写真」が提唱されたり、顔から人格を読みとる方法を教える「人相術」なども登場している（多木 1985、Finkelstein 1991）。些細な衣服の特徴から「しかるべき地位の紳士」や「身持ちの悪い女」と判断されるため、ヴィクトリア朝時代の人々は身だしなみの細部に気を配り、公共の場所では「外見」の仮面に埋没しようとしたのである。

強制されるのではなく自発的に社会規範に適うように身体を整える、ミシェル・フーコー言うところの規律訓練型の権力がここに作用している。フーコーは近代の権力装置として、ジェレミー・ベンサムが提唱したパノプティコン（一望監視施設）を例にする。この監獄は監視者のまなざしを巧妙に隠蔽し、囚人たちをつねに自分が見られていると考える状態に置くように設計されている。その結果、囚人は監視のまなざしを内面化して、みずから身体を規律化していくようになる。近代の都市にはパノプティコン的なまなざしが偏在する。

また一九世紀はジェンダーの非対称性が際立った時代である。とくにブルジョワ階級は、見る男性と見られる女性という性別区分を明確にした。ソースティン・ヴェブレンはアメリカ富裕層の購買行動を「見せびらかし消費」と呼んだが、有閑階級による過剰な消費はみずからの富を誇示し、評判を高めるためになされる（ヴェブレン 1998）。衣服もまたその手段であり、男性は地味なテイラードスーツをまとう一方で、女性には家族の富や権力を示すために装飾的モードをまとわせたのである。

都市空間も男女に平等に開かれていたわけではない。自由に都市を闊歩する「遊歩」は男性たちの特権であり、女性たち——とりわけ厳しい道徳規範を押しつけられていたブルジョア・中産階級層の――は郊外や家庭という親密空間に囲い込まれ、父親や夫などの男性保護者の同伴なしに都市をさまようことは禁じられていた。この時代の都市には多くの労働者階級の女性や娼婦がいたが、とりわけ娼婦たちは社会病理として厳しく取り締られた。したがって男性の遊歩者はいても、自由に都市空間を遊歩する女性は一部を除けばいなかったとされる（Wolff 1985）。男性は見る側であり、女性は男性に従属する記号として見られる側だったのだ[6]。

この時期に相次いで誕生した百貨店は、そんな女性たちにとって男性の同伴なしに自由に歩くことのできる数少ない公共の場所となった。百貨店側も託児施設や女性用カフェなどを設置して、女性顧客の取り込みを図っていく。百貨店は消費のための空間ではあったが、女性たちは誰はばかることなく流行のドレスや小物、豪華な内装、華麗なディスプレイを観察し、ほかの女性たちをまなざす楽しみを味わうことになる。その一方で消費への欲望を植え付けられた女性たちは百貨店での万引きに走るなど、当時の社会問題となっている。

見ることの快楽と見られることへの欲望は、内面を表現するものとしての外見の重要性を高めた。しかしそこでのまなざしはジェンダーにより不公平に配分されてもいた。この時代の百貨店は女性たちを商品世界へと誘惑する一方で、自由に遊歩する特権をも担保する。近代都市における女性のまなざしは消費文化と深く結びついていたのである。

スタイルの公共空間

バーミンガム現代文化研究センターは戦後英国の「非行少年たち」をサブカルチャーと見なし、そのスタイルの意味を「反抗」として読み解いた（Hall and Jefferson 1976）。それによると、若者たちのスタイルは既存の文化を批判的に流用することによって既存のコンテクストを脱臼させるのであり、それは社会への反抗の形式となっている。[7] 彼らは空間についても同様に議論している。

> サブカルチャーは単なる「イデオロギー的」構築ではなく、自己の利益のための空間を勝ち取る。すなわち、地域や施設における文化的な場所、余暇や再生産のための現実の時間、ストリートや街角の実際の空間だ。サブカルチャーは地域の場所に「領域」を区切り、流用する。（Hall and Jefferson 前掲：45）

写真2-7 渋谷で撮影されているガングロ少女（2000年12月撮影。©カルチャースタディーズ）

マクロビーとガーバーはフェミニズムの立場からセンターを批判した（McRobbie and Garber 1976）。その論点のひとつは、これらのサブカルチャー研究が路上の少年ばかりを見ており、居間やベッドルームが舞台となっている少女文化を見ていないというものである。この批判は七〇年代英国において、少女たちがストリートの主役になる機会があまりなかったことを逆説的に示している。

現在の日本では若者がストリートに群れるのが常態となり、コギャルのような少女たちが都市を遊歩するのは日常的な情景である。もちろん少女たちは消費者として当てにされているにすぎないが、八〇年代以降の高度消費社会化が彼女たちに路上空間を開いたことはやはり否定できない（写真2－7）。

消費空間において見る・見られる楽しみを追求したことにおいて、一九世紀後半のブルジョワとガングロは共通する。女性たちが社会の強い抑圧のもとで百貨店につかの間の解放感を求めたのと同じく、少女たちも自己表現のための舞台をストリートに見出したのだった。ガングロ少女がブルジョワ女性と違うのは、ファッションをより自発的な表現としたこと、そして公共空間をより私的に流用したことだろう。

ガングロ少女にとっての渋谷は、同じ感性の仲間、ブティック店員、メディアと交流する公の空間であるが、そのコミュニケーションに参加していない多くの人々を意識しているわけではないという点で、私的空間ともいいうる。九〇年代より都市には若者たちが地べたに座り込んだり、他人の目を気にせず化粧したり飲食したりするなど、公共空間を私有化しているようなふるまいが目立ち、公共性意識の欠落などが議論されるようになった。宮台真司は自らのフィールドワーク体験にもとづき、この時期の若者たちが「仲間以外はみな風景」という意識を持つようになっていると指摘する（宮台 1997）。これは息苦しく規範を押しつけてくる家・学校・地域から逃れ、ある程度の自由が担保された「第四空間」であるストリートへと彼らが漂い出しているためだという。伝統的な共同体が崩壊し、戦後社会を支えてきた家族イデオロギーも消失してしまい、「大きな世間」がなくなった現在、ストリートは世間＝他人からのまなざしを気にせずにまったりとできる空間として浮上したのだそうだ。

しかし、「大きな世間」の影響は低下しても世間そのものがなくなるわけではないし、不特定多数は気にならなくとも特定の人々のまなざしは意識される。ガングロにとって都市はさまざまなエージェントと交渉する場所であり、自分を見せる舞台である以上、まったくの私室ではない。さらに言えば、スタイルという「言語」によるコミュニケーションが行われるという意味では、やはりそこは公共空間として意識されている。仲間的なコミュニケーションと公的なスペクタクル化が同時におこなわれるという意味では、いわば「半公共空間」といっていいのかもしれない。

近年、新宿西口広場の段ボールアートや戦争反対のサウンドデモのように、公共空間やストリートをアートやカーニバルに流用して社会的メッセージを意思表示する新しい政治運動が生まれているというが（毛利 2003）、ガングロはそのように社会に対峙する表現ではない。彼女たちは遊びやファッションを楽しんでいたのであり、それを逸脱と見なしたのはあくまで周囲のまなざしであった。しかし、結果的に作りだされた強烈なスタイルは、ただ通り過ぎるための場所であるストリートにおいて少女たちを見世物化し、都市の風景に不均質な歪みをもたらす。スタイルは路上の公共空間において繰り広げられるコミュニケーション行為である。少女たちはそれと意識することなく、公共空間に引かれている自由と不自由の曖昧な境界線を侵犯していたのである。

5 「見せる」と「見返す」

ガングロは都市における女性の表象として、どのような問いを提示していたのだろうか。少女たちは明確な価値観やメッセージを持っていたわけではなかったが、都市空間の見る－見られる関係性のなかで自己像を作り上げ、スタイルの誇張表現によって、女性らしさの規範を異化していた。さらに異形の身体で公共空間を遊歩することは社会的規範に土足で侵入することであり、それゆえモラルパニックが起こったわけである。自らの身体を視覚的に見世物化することで、彼女たちは空間における自由の領域を描きだしたのだ。

ベンヤミンはパサージュを人々に商品の夢を見させるファンタスゴマリー（幻燈機）に喩えたが、そこは「見る－見られる」関係のなかで人間さえも、ものへとフェティシズム化する空間であった。パノプティコンに喩えるにせよパサージュに喩えるにせよ、近代都市にはまなざしのポリティクスが偏在しており、消費社会化や監視社会化はその傾向をますます加速する。その意味では都市は視覚中心的な空間である。

見ることは長らく男性の特権であり、視覚芸術における女性表象のあり方を支配してきた。女性アーティストのなかにはこの制度化に挑戦してきたものが少なくない。たとえば、シンディ・シャーマンは物語映画やドキュメント写真の一場面を演じるセルフ・ポートレイト写真を発表してきた作家である。不安感に満ちた架空のドラマの登場人物に扮する写真家の身体は、それを見るまなざしに女性表象の虚構性を突きつけて、見る楽しみを居心地の悪いものへと変える。ローラ・マルヴィは、物語映画における女性表象は家父長制的な視点から作られているだけでなく、映画のカメラの視線そのものが男性中心的に構造化されていると議論しているが、シャーマンのセルフ・ポートレイトはこのような女性を「見る」まなざしを異化することで、まなざしの制度を「見返す」のである。

もちろんガングロはシャーマンのようなアーティストではないし、「見返す」まなざしにより制度を批判したかったのではない。彼女たちは「見せる」快楽に興じていたにすぎないが、まなざしの偏在する視覚中心の都市空間において、「グロテスク」な身体は社会的規範を侵犯することになったのである。

日本では九〇年代に一般の女性たちがセルフ・ポートレイトを撮るのがブームになった。森村泰昌は泰西名画の人物や女優になりきるセルフ・ポートレイト作品で知られる作家だが、自作を解説しながら、アートにおける見返すまなざしと女性たちの「セルフ・ポートレイト気分」の見せるまなざしをこう比較している。

　「見返す」とは、「見る」欲望の視線を迎撃するミサイルのようなものである。いっぽう、「見せる」とは、「見る」欲望を持つ相手に、「見られる」側である自分自身の魅力を「見せる」ことによって、相手の欲望をからめとる罠である。つまり「見せる」とは「魅せる」ことであり、もっとあからさまにいえば、「魅せる」ことで「モテル」ことがめざされている。［…］いずれも視線の主導権を奪取することがめざされている。（森村 2000:227–231）

ガングロは多くの人々には無関心であったし、通行人もまた彼女たちに愛情など持っていなかった。しかし森村が言うように、「見せる」欲望は「見る」欲望を自分の共犯者へと変えようとする。そのとき見せることとは「見る－見られる」の伝統的な関係性を揺さぶる。ガングロ少女の「目立ちたい」欲望と「見せる」実践はまなざしの非対称性を今一度私たちに突きつける。

都市には多様なまなざしが交錯している。他人を見るという行為には自分が見返される可能性をつねに随伴する。他人を見ることは見られる人に働きかけることであり、見られる人は見返す・見せることによって見る人に不意の動揺を与える。その空間のなかで身体をめぐる文化が創造される。ストリートはたんに見るための空間ではなく、見られるための空間でもある。現在進行している空間管理化は、見ることの権力を肥大させ、見せることの可能性を蔑ろにし、見たくないものを排除することで、多様な空間の文化の生成を妨げる。

ファッションもまた巧妙に私たちの感性を再編していくスペクタクルの社会と深く結びついている。テーマパーク化する都市においては、自由に楽しく振舞うことそれ自体が資本の戦略と不可避に結びついているともいえる（吉見 2005）。しかし、都市の文化は自由で創造的な主体と搾取する商業資本という二元論では語りつくせない。これからどのようなスペクタクル化が進行しようと、やはり人々は街頭に出ていき、自己表現をおこなうだろう。その創造と欲望の強度に目を向けることは、つねに公共空間に作動するまなざしの制度を問い直す契機になるはずである。

注

・1　ガングロについての記述は、『文化の社会学』（佐藤健二・吉見俊哉（編）、有斐閣）所収の拙文「ファッション」の当該部分に大幅に加筆・修正したものである。

・2　ガングロがサブカルチャーかどうかは「サブカルチャー」の定義による。サブカルチャーには主流社会にたいする「下位集団」と、主流文化にたいする「下位文化」という二つの見方がある（あるいはその両方）。とくに社会に対抗的な価値観をもつ集団や文化のために用いられることもあるが、そうでない場合も多い。本文章ではサブカルチャーを主に下位集団の意に用いている。サブカルチャーの定義については成実（2001）を参照。

・3　二〇〇四年に話題になったギャルサーはグループの遊びなので、集団志向がないとはいえないが、すくなくとも二〇〇〇年前後のガングロには集団志向はなかったと思われる。

・4　ストリート・ファッションは七〇年代後半、ロンドンのパンク・カルチャー以降から注目されていった文化である。それ以前にも若者文化から流行が生まれることはあったが、路上からの文化発信の可能性を示したものとしてパンクの重要性は大きい。その後、ニューヨークのヒップホップ、シアトルのグランジなどの音楽と関連したスタイルとして、ストリート・ファッションの通念が形成されていく。

・5　当時私は渋谷に通勤していたので、センター街を中心としたエリアが、チーマーがけんかしたり、サラリーマンに暴行するような「危ない」場所へと変化していくのをこの目で見ていた。パルコの空間戦略は過剰開発とバブル崩壊のなかで沈没していったのである。

・6　もちろんこれは事態をきわめて単純化したとらえ方である。「女性遊歩者は見られなかったか、存在していなかった」とするジャネット・ウルフに対して、エリザベス・ウィルソンは、たとえば男装して街を歩きまわったジョルジュ・サンドなどを例に出して反論している。

・7　バーミンガム現代文化研究センターが若者たちのスタイルに労働者階級やマイノリティとの連帯を記号論的に読み込む態度には、実際のサブカルチャー体験をイデオロギー的に捉えすぎており、現実の若者たちの体験や実感から遠かったということで、後に批判されている。英国でも八〇年代以降の若者文化は伝統的な労働者階級文化との紐帯を失ってしまうだけでなく、そのアイデンティティも稀薄化・断片化していき、都市を舞台としたスペクタクルな若者グループも見られなくなっていった。Bennett and Kahn-Harris（2004）を参照。

・8　ローラ・マルヴィは映画作家・評論家。自分の姿を鏡で見ることにより自己アイデンティティが確立されるというラカンの鏡像段階説に依りながら、そうした鏡像へのまなざしがハリウッドの物語映画にも見られると論じて、フェミニズム映画批評に大きな影響を与えた。自ら実験映画を制作することで理論を実践へとつなげていった。

参考文献

ＡＥＲＡ編集部（1999）「威圧ギャルのホンネ」『ＡＥＲＡ』一一月一五日号

アクロス編集室（1984）『パルコの宣伝戦略』パルコ出版

――――（1995）『ストリートファッション――若者スタイルの50年史』パルコ出版

青木淳（2005）「そもそも多様である、そもそも装飾である」五十嵐・小野田ほか（編）『オルタナティブ・モダン』ＴＮプローブ

ヴェブレン、ソースティン（1998）『有閑階級の理論』高哲男訳、筑摩書房

カルチャースタディーズ（2001）『ガングロギャル調査』カルチャースタディーズ
化粧文化編集部（2000）「なぜガングロをはじめたの?」『化粧文化』（40号）、ポーラ文化研究所
北田暁大（2002）『広告都市・東京』廣済堂出版
クレイク、ジェニファー（2001）「女性をつくり出す仕組み」成実弘至訳、成実弘至（編）『問いかけるファッション』せりか書房
佐藤郁哉（1984）『暴走族のエスノグラフィー』新曜社
サベージ、ジョン（1999）『イギリス「族」物語』岡崎真理訳、毎日新聞社
女性自身編集部（1999）「男にモテなくてもヤマンバはやめられなーい!」『女性自身』一〇月二六日号
繊研新聞社編集局（2001）『よくわかるアパレル業界』日本実業出版社
多木浩二（1985）『視線の政治学』冬樹社
ドゥボール、ギー（1993）『スペクタクルの社会』木下誠訳、平凡社
成実弘至（2001）「サブカルチャー」吉見俊哉（編）『カルチュラル・スタディーズ――知の教科書』講談社
――――（2003a）「からだの戦後史」成実弘至（編）『モードと身体』角川書店
――――（2003b）「ブランド化する建築」『10＋1』（No.32）、INAX出版、三〇-三二頁
バトラー、ジュディス（1999）『ジェンダー・トラブル』竹村和子訳、青土社
比嘉健二（1995）「Born to be Wild ――暴走族文化の変遷」『ユリイカ　臨時増刊――悪趣味大全』第二七巻第五号
ブルデュー、ピエール（1990）『ディスタンクシオン』石井洋二郎訳、藤原書店
別冊宝島編集部（1998）『超コギャル読本』宝島社
ヘブディジ、ディック（1986）『サブカルチャー』山口淑子訳、未来社
ベンヤミン、ヴァルター（1993-95）『パサージュ論』今村仁司ほか訳、岩波書店
ポロック、グリゼルダ（1998）『視線と差異』萩原弘子訳、新水社

ポレマス、テッド（1995）『ストリートスタイル――ロンドン・スタイル大全』福田美環子訳、シンコーミュージック
馬渕公介（1989）『「族」たちの戦後史』三省堂
マルヴィ、ローラ（1998）「視覚的快楽と物語映画」岩本憲児・武田潔ほか（編）『「新」映画理論集成』フィルムアート社
三浦展（2001）『マイホームレス・チャイルド』クラブハウス
――――（2005）『「かまやつ女」の時代』牧野出版
宮台真司（1997）『まぼろしの郊外――成熟社会を生きる若者たちの行方』朝日新聞社
毛利嘉孝（2003）『文化＝政治』月曜社
森村泰昌（2000）『空想主義的芸術家宣言』岩波書店
吉見俊哉（2005）「都市の死　文化の場所」植田和弘・神野直彦ほか（編）『岩波講座　都市の再生を考える1――都市とは何か』岩波書店
鷲田清一（1989）『モードの迷宮』中央公論社
Bennett, A. and Kahn-Harris, K.（2004）*After Subculture*, Hampshire: Macmillan Palgrave.
Blumer, H.（1969）“Fashion: From Class Differentiation to Collective Selection”, *Sociological Quarterly* 10, pp.275–291.
Finkelstein, J.（1991）*The Fashioned Self*, Oxford: Polity.
Hall, S. and Jefferson, T.（eds.）（1976）*Resistance Through Rituals*, London: Routledge.
McRobbie, A. and Garber, J.（1976）“Girls and Subcultures”, in Hall and Jefferson（eds.）（1976）, pp.209–222.
Wilson, E.（2001）*The Contradiction of Culture*, London: Sage.
Wolff, J.（1985）“The Invisible Flaneuse: Women and the Literature of Modernity”, *Theory, Culture and Society*, Vol.2, No.3, pp.37–46.

キーワード I

1　都市空間の現在

都市は自然に生まれるのではない。人々が集まり、産業が栄え、商業が発展する過程には、さまざまな政策や制度が影響している。**マイク・デイヴィス**（2001）は、ロスアンジェルスという人工的な都市がどのように作られていったかを詳細なドキュメントに基づき解き明かす。アメリカ西海岸という未開／砂漠の地に築き上げられた「要塞都市」は、資本主義がもたらす豊かさを究極のかたちで体現するユートピアを目指していた。だが、資本の論理のもとに進められる都市開発は、経済的な階層格差を押し広げ、豊かな人々と貧しい人々とが徹底的に分断されたディストピアをもたらすことになった。そこには、階級／民族／エスニシティをめぐる亀裂と紛争という社会問題が暴力と共に渦巻いている。それは二一世紀の都市の姿を予兆しているのかもしれない。

しばらく前から日本では「勝ち組／負け組」という言葉が時代を表すキーワードとして取り沙汰されている。そこに垣間見えるのは、これまでの「総中流」が崩壊し、「二極化」が進行していく社会の姿である。社会の分断化は、都市空間のあり方にも見て取れる。**齋藤純一**（2005a）は「分断／隔絶」をキーワードに現行の都市空間を批判的に捉え直す。「私化（privatization）」と「セキュリティ強化（securitization）」が止めどなく進むことによって、都市の「公共性」が浸食される。その結果、排他性と等質性を特徴とする「共同体」とは異なる都市の特性である「非・排除性、複数性、予見不可能性」が、今まさに失われつつあるのだ。互いに異なるさまざまな人々の交渉がなされる場であった都市が、安全・安心を目指した私化された空間へと変貌してしまった。都市の分断／隔絶状況に抗い公共性を取り戻す契機を、齋藤はアーレントが重要視した「アゴラ」（人々が自由に語り合う広場）を現代において再生する試みのなかに見出そうとする。

吉見俊哉（2005）は、近年声高に叫ばれる「都市の再生」というキャッチフレーズへの違和感を出発点として、一九七〇年代以降の日本社会における都市の変遷を明らかにする。七〇、八〇年代の都市再開発が物語性や劇場性の名のもとに若者文化を生み出してきたのに対して、九〇年代以降のそれは「圧倒的な商業集積、海外のブランドショップや企業を連ねたグローバル性によって、八〇年代までのまだしも『繊細』に文化を演出していた空間を圧倒していった」と吉見は指摘する。そこには「都市の死」と同時に「文化の死」が見て取れる。都市における多様性や異種混淆性の低下は、文化的な豊かさをも奪っていく。

ストリートにおける若者たちの自己表現や自己演出は、既成の「オトナ文化」への異議申し立てを含んだ「若者文化」の萌芽を感じさせる。だが、九〇年代以降ますますブランド志向の度合いを深めるストリート・ファッションには、都市空間の変貌のもとでの文化創造の現状が現れている。都市空間という公共の場の変化は、若者たちを担い手であると同時に観客とした文化のスペクタクルが実践される場自体の変容を物語ってもいるのだ。

森川嘉一郎（2003）は、家電の街・秋葉原がパソコンの街を経てオタクの街へと変貌していった過程を詳細に追っていく。秋葉原の変容は、行政による都市計画や大企業による資本投資の結果ではなく、そこに集まる「オタク」たちの需要と欲望が生み出したものである。デザイン性や物語性を欠き、オタク的欲望をてらうことなく演出する建物が林立する現在の秋葉原を、森川は「個室が都市に巨大に拡大された姿」として捉える。「趣都・秋葉原」の誕生は、都市という「公共的な空間」が個室という「私的な空間」によって覆い尽くされ、これまで見られなかった新たな姿を曝け出していく過程を示している。

都市はまるで「生き物」のように、その姿を変えていく。現在私たちが体験する都市は、楽しく快適な空間である。だが同時に、欲望と消費に突き動かされた都市空間の変容は、都市が持つ多様性や他者性を脅かしてもいる。安全・安心の名のもとに徹底的な監視と管理が進められる現在の都市は、これまでのような文化的ダイナミズムを維持することが果たしてできるのだろうか。楽しさと辛さ、豊かさと貧しさが奇妙に同居する都市空間の光景は、これからの「二極化社会」の行く末を黙示録的に語っているのかもしれない。

2 監視とセキュリティ

デイヴィッド・ライアン（2002）は、近代社会がいかに「監視すること」と密接に結びつき、近年の情報化の下でそれがどのように広範かつ巧妙になっているかを詳らかに描き出す。監視とは、一方で対象を「コントロール」することであるが、他方で「ケア」の実践も含んでいる。悪意をもって「見張る」ことと慈しみの気持ちで「見守る」ことは、どちらも「データが集められる当該人物に影響を与え」る点で共通性を持つのだ。

近年の監視の傾向は、脱身体化されたデータの収集／処理／蓄積によって人々が監視の対象とされていることだ。税金・健康保険・住民登録などの制度の下で、膨大な個人情報がやり取りされる。そこでは生身の身体を伴った個人ではなく、電子情報で構成されるデータとして、国民・住民は位置づけられる。ここに見て取れる「消失する身体」こそが、現代の監視社会の特徴である。最近注目されているバイオメトリクス（生体認証）は、電子化されたデータとして個人を監視する究極の方法と言えるだろう。

さらに**ライアン**（2004）は、二〇〇一年の「九・一一テロ」以降に世界的な規模で監視が強まりつつあることに警鐘を鳴らす。テロの危険が声高に叫ばれるなか、人権やプライバシーを侵害する監視強化が「セキュリティ確保」の名目の下に進んでいく。その意味で「九・一一テロ」は、監視社会へと向かうグローバルな趨勢を一気に加速化させた。

「テロとの戦い」に備えるべく世界的な諜報ネットワークは、ますます機密性を深めていく。**パトリック・ラーデン・キーフ**（2005）は、米国／英国を中心とする国際的な諜報活動（UKUSA）の実態に肉薄する。**ロバート・オハロー**（2005）は、個人データを商品とする企業の情報収集／分析／管理の凄まじさを描き出す。高度なデータベースが相互に参照されることで、国家諜報活動と私企業の情報ビジネスとの垣根はますます低くなりつつある。現代社会では、警察・軍事的な監視と消費者管理とが相互に浸透しているのである。

主として北米を対象としたライアンたちの議論が描く社会の姿は、今では私たちの日常と化している。

「治安の悪化」が引き起こす漠然とした不安を背景に、安心・安全を約束する「見守る」監視社会が成立している。**斎藤貴男**（2004）が指摘するように、現代人は監視に異議や疑問を持つのではなく、むしろ逆に見守られることを積極的に望んでいる。現在の監視強化を突き動かしているのは、監視される側が抱く「安心」への飽くなき欲望でもあるのだ。だがそうした安心志向には、自らとは異なる他者を徹底的に排除しようとする動きが見て取れる。それはかつて**藤田省三**（1995）が喝破した「安楽への隷属」を彷彿とさせる。自分たちにとって安全で快適な状態をやみくもに追い求めることは、豊かな現代社会におけるファシズムのあり方に他ならない。

「する側」だけでなく「される側」からも監視社会が追い求められるなかで、「自由とはなにか」が問われている。**東浩紀・大澤真幸**（2003）は、現代日本の政治・文化を取り巻くさまざまな事象を取りあげながら、監視や管理が日常となりつつある社会での「自由」の可能性について深遠な対話を繰り広げる。**齋藤純一**（2005b）は、安全が自由よりも優先されがちな現代において「自由はどのように擁護されるべきか」を問いかける。リベラリズムの伝統に典型的であるが、これまで「自由であること」は主として個人の問題（自己決定の権利など）として捉えられてきた。齋藤はそうした考え方に抗い、自己と他者との関係性の次元において自由を論じる可能性を探究し、「私たちの〈間〉にある公共の問題」として自由を再定義する必要性を主張する。

危機や脅威が過剰に唱えられる現在、「セキュリティの確保」がなによりも重要であるとの声が国際政治の舞台から町内会での議論に至るまで、幅広い支持を集めている。だが、セキュリティを確保するうえで犠牲にされ、蔑ろにされる事柄に対して、私たちは鋭い感受性を持ち続けねばならない。なぜなら、監視強化とは推進する側がしばしば述べるような「やましいことがなければ気にする必要などない」ものでは断じてなく、社会における人々の関わりそれ自体を根底から変えてしまうほどの衝撃を伴っているからである。監視の現在を批判的に問い直すことは、未来の自由に賭けることに他ならない。

3 private な場／public な場 の揺らぎ

私たちはごく当たり前にプライベート＝私的な空間とパブリック＝公的な空間とを区別して意識している。自分の個室は極めてプライベートな場であるし、学校や会社は公的な場に他ならない。だが、人々が違和感を抱くことのない公的／私的の区別は、実は近代社会において成立したものである。

ユルゲン・ハーバーマス（1994）は、近代の市民社会においてはじめて国家の領域とも市場の領域とも異なる独自の社会領域である公共圏（ブルジョア的公共圏）が成立したことを、歴史的事例に基づきながら明らかにした。その際ハーバーマスは、親密圏と公共圏との密接な結びつきを指摘し、「フマニテート（人間性）」を理念とする近代家族のなかで生み出された自律的な「個人」こそが、社会における公共性の担い手たる「私人」を可能にする、と述べる。公共圏において「私人」は「公共的な事柄」について自由に議論するが、そこに経済的な自己利害など「私的な事柄」を持ち込むことは禁じられ、私と公は明確に区別される。だが、自由な「私人」が成立するうえで近代的な家族が必要不可欠であることに、ハーバーマスは注目する。近代初期の段階では、親密な領域と公共的な領域とは区別されながらも有機的に結びついていたのである。

ところが、市民的公共圏は現代に至る過程で「構造転換」してしまう。一方で国家権力は経済への介入の度合いを深め、他方で私企業が圧力団体として政治に影響を与えるようになる。その結果かつての「国家と社会の分離」が崩れ、国家とも市場とも異なる独自の領域が抑圧される。それによって、かつての自由で批判的な言論空間は潰えてしまった。

この議論に限界や問題がないわけではない。「個人的なものは政治的（The personal is political）」とのキャッチフレーズのもと近代社会における男女の役割分業を問い直してきたフェミニズムは、市民社会における公私の区分そのものに潜む権力性に注目してきた。**ナンシー・フレイザー（1999）**は、フェミニズム的観点から公共圏のあり方に再考を迫る。一方で職場での「労働」を公的な事柄として位置づけ「男性」にその役割を割り振り、他方で家庭での

「家事・育児」を私的な事柄としてその遂行を「女性」に押し付ける。そうした近代における性別役割分業自体に、男性に公的な世界に関わるチャンスをより多く与え、女性を私的な領域に閉じ込めようとする権力作用が見て取れる。より開かれた公共圏を模索するうえで、ジェンダー化された近代的な公私のあり方そのものを問い直していくことが不可欠な課題であることを、フレイザーは指摘する。

リチャード・セネット（1991）も、現代社会における公私の関係を別の側面から浮かび上がらせる。現代人は、社会全体の問題に積極的に関わることよりも、自分自身の私的な生活に夢中になりがちである。その結果、親密な関係に関わる事柄には関心を持つけれど、それを超えたより広い社会への関わりは低下しつつある。すなわち、身近な人々との親密な関係を超えた公的な関係を築き上げていくために必要とされる作法や振る舞いを、現代人は失っているのである。ここに「公的人間（public man）」の没落が見て取れる。セネットの議論は、多岐にわたる文化領域から事例を取りあげ、本来公的であるべき領域が私的なものに浸食されていく様を描き出す。それは、私的な事柄に明け暮れ「公共性」を見失いがちな現代社会への警鐘とも受け取れる。

私たちは公的な世界だけに生きているのではない。と同時に、恋人や家族との親密な世界に埋没するだけでは、満ちたりた人生を送ることは難しい。一方で、好きなときに／好きなところで／好きなことを楽しむことを可能にしてくれるメディアが発達したお陰で、私たちはパブリックな場に居ながらにしてプライベートな空間を作り出している。だが他方で、生活の隅々にまで電子メディアが浸透することで、誰からも侵害されない聖域としてのプライベートな空間は形骸化しつつある。

従来からのパブリックな領域とプライベートな領域の境界は大きく変化している。公私の領域の揺らぎは、より多くの自由や多様性を社会にもたらすのだろうか。それとも、近代が目指していた自由や平等は、その過程で失われてしまうのだろうか。公私をめぐる社会的空間のポリティクスを読み解くことが、これからの「空間の社会学」に切に求められている。

4 消費社会の展開

消費社会は空間のあり方に深く結びついている。現在、都心の再開発は最新デザインの商業施設を立ち上げてブランド建築を増殖させているが、**森川嘉一郎**（2003）が指摘する秋葉原の「趣都」化もオタクという消費者とサブカル・情報産業が繰り広げる消費社会のひとつのエピソードだ。しかし変化するのは都市だけではない。近年は郊外や地方のロードサイドに大型量販店・家電店・飲食店が進出し、従来の駅前商店街を空洞化させつつ、道路沿いに同じような店舗や駐車場を増殖させている。**三浦展**（2004）は大企業の進出が地方都市の経済や安全に影響を与え、風景を均質化する状況を「ファスト風土」と呼んでいる。

歴史的に見ると、大衆消費社会が出現したのは産業革命による大量生産が本格化し、大量消費が準備された一九世紀ヨーロッパである。それまで消費は一部の特権階級と結びついていたが、多くの商品が市場に供給されるようになると、産業界は台頭する中産階級にアピールするべく、広告、パサージュ、百貨店、万国博覧会により商品を華やかな夢の世界のなかに演出するようになる。この時期はジオラマ、パノラマ、映画など、視覚中心の娯楽が人気を呼んだが、見たことのない風景や架空の世界をリアルに体験させる手法は、百貨店などの消費空間にも積極的に取り入れられていく。

ヴァルター・ベンヤミン（1993）が一九世紀の首都と呼んだパリは、このようなスペクタクルの技術を巧みに取り込んだ消費都市であった。とくにベンヤミンが注目したのはパサージュという都市の消費空間である。パサージュは両側に店舗が並んだ回廊であり、天井にはガラス屋根がかかり夜はガス灯がともるなど、天気や時間に左右されずに、心おきなくウィンドウ・ショッピングが楽しめる場所であった。それは鉄、ガラス、ガスなどの最新テクノロジーによって成立する、商品の夢を見せる「ファンタスゴマリー（幻燈機）」であり、ベンヤミンはこれを近代のアレゴリーとして提示したのである。

ロザリンド・H・ウィリアムズ（1996）は一九世紀パリの消費文化をさまざまな視覚装置の世界＝

「ドリームワールド」として分析し、大衆消費社会の原型がこの時期に形成されたと論じている。装飾建築、ディスプレイ、映画、電気照明などの視覚的スペクタクルによって都市は華やかな衣裳によって覆い隠され、人々は忘我の境地でこの夢の世界を彷徨することになる。それは「民衆的消費」の時代の幕開けであった。

二〇世紀は本格的な大量消費の時代となる。それを強力に推進したのは新大陸アメリカであった。**常松洋（1997）**によると、大量生産のシステム、フォーディズムが大衆消費社会の展開に大きな役割を果たしたという。経営者ヘンリー・フォードは、人間を機械の一部として労働の分業を徹底することで合理化・効率化をはかり、その利益を賃上げや余暇の拡充に還元し、人々を消費に向かわせた。移民国家アメリカにおいて、それは消費の前の平等というイデオロギーとして受け入れられた。人々は消費生活を通してアメリカ化していったのであり、商品を買うことで人並みになり、自己実現が果たされるようなライフスタイルが生まれたのである。それは第二次大戦後に世界中に広まっていく。

二〇世紀後半になると商品やメディアや広告のイメージ戦略が日常生活に氾濫し、消費社会化はより深く進行している。物が使用価値ではなく交換価値により意味を持つ消費社会を分析した**ジャン・ボードリヤール（1984）**は、実在しないにもかかわらず現実よりもリアリティのある記号をシミュラークルと呼び、現代はシミュラークルによって覆い尽くされている時代と論じている。

それを典型的に示しているのは、ディズニーランドのようなテーマパークである。人々がイメージとしてしか存在していないと知りつつミッキーマウスやドナルドダックと戯れるように、現実もまたひとつのテーマパークと化している。しかもこのようなシミュラークル化する世界から外へ逃れることはほぼ不可能である。ボードリヤールは現在のシステムに反乱する数少ない手段としてテロリズムを挙げたが、その予言は九・一一という形で現実のものとなってしまった。消費社会はこれからどんな空間を作り出していくのか、注意して見ていきたい。

5 都市と遊歩者

ヴァルター・ベンヤミン（1993）によると、遊歩者はただ都市を歩く人ではない。遊歩者とは群衆のなかを歩きまわりすべてを目撃しながら、だれからも見られていない存在であり、人々とともに時代の夢を見ながら、そこから覚醒している人物のことである。その具体例は一九世紀の都市生活を描いた芸術家や文学者だ。ベンヤミンが触発されたのもシャルル・ボードレールであり、彼の作品「現代生活の画家」に登場するコンスタンタン・ギースだった。

日本にも都市を観察する遊歩者の系譜がある。その最初期の試みは考現学だろう。**今和次郎**（1987）は、大正から昭和初期にかけて、西洋文化の流入により変化する都市や生活の風景を、考古学者が古代の遺物からその時代を研究するように、記録することを提唱・実践した。彼らが記録した銀ブラする通行人、建物の外観、大学生の下宿の持ち物などの調査は今や当時の都市文化を知る貴重な資料となっているが、活動自体は学問的な関心よりも風俗を観察することの快楽に強く駆られていたように見える。

高度成長やバブルによる土地開発ブームはそのつど風景を激変させてきたが、都市に残存する「物件」に目を向けたのが**赤瀬川原平**（1992）らの路上観察学会である。たとえば赤瀬川の「超芸術トマソン」は、時代の流れから取り残されて、かつての有用性や存在理由を失ってしまい「物」として存在する不思議なたたずまいの建物や遺物を収集し記録することで、日常的な風景を異化する試みであった。この学会も多様な関心を持つ人々の寄せ集めで、学問としての体系化を目指すような活動ではなかったが、彼らは都市空間の細部へ偏愛的なまなざしを向けたことにおいて共通していた。それはしばしば時代への批評となったが、メディアがよく行なっている風俗の観察とは異なり、まなざすことそのものに批評性をはらんでいたことが重要である。

それを継承したのが、**貝島桃代・黒田潤三・塚本由晴**（2001）がおこなったプロジェクトだ。彼らは居住スペースと駐車場が一緒になったビルのような、用途の異なる空間を強引に一体化している建物を東京中から探し、「ダメ建築」と命名することで、東京という超過密都市のリアリティを浮き上がらせた。考現学や路上観察における都市へのまなざしは芸術家や建築家やデザイナーの遊びや欲望に根ざしており、そこに遊歩者との親近性が感じられる。

しかし、遊歩者のまなざしが階級や性のヒエラルキーのなかで成立していたことを見逃すべきではないだろう。**グリゼルダ・ポロック**（1998）は近代芸術家のまなざしの政治学を問うている。彼女はフェミニズムの立場から近代絵画の内容を再検討し、印象派の男性画家が酒場や娼婦を好んで主題にしているのに対して、このグループの女性画家は寝室や居間の空間を描いていることに注目する。これは男性芸術家／遊歩者だけが公的空間と私的空間のはざまにある曖昧な場所である性的領域に参入できたからである。ブルジョワ女性が家庭という私的空間に閉じ込められ、労働者階級の女性が公共空間で売春などの労働に従事せざるをえなかったのに対して、彼らは多くの場合労働から解放された特権的な存在であった。

一九世紀、ブルジョワ女性は公共空間から排除されており、女性の遊歩は禁じられていたという。しかし実際には公共空間に自由に進出していた女性たちもいた。たとえばジョルジュ・サンドは男装してパリの通りを出歩いていたし、デルフィーヌ・ド・ジラルダンもパリを歩きまわって流行についてのコラムを男性名で執筆していた。彼女たちは一部の例外的な女性たちではあったが、芸術家の創造性はときとして社会的な制約を越えていく可能性を秘めている。

ギー・ドゥボール（1993）は商品やイメージが社会を支配する状況をスペクタクルというキーワードを用いて批判し、それを転倒する可能性を探った。ドゥボールも一員であった政治・芸術運動のシチュアシオニスト・インターナショナルは、都市のさまざまな場所を歩いて主観的な地図を描く「漂流」という方法論を使って、都市に「状況」を作りだしていくことを試みている。都市を遊歩することは、自由な想像力と批評性によって、既存の境界線を踏み越え、都市に新しい意味を発見することなのである。

文献一覧

赤瀬川原平・藤森照信ほか（編）（1993）『路上観察学入門』ちくま文庫

東浩紀・大澤真幸（2003）『自由を考える』NHK出版

ウィリアムズ、H・ロザリンド（1996）『夢の消費革命』吉田典子・田村真理訳、工作舎

オハロー、ロバート（2005）『プロファイリング・ビジネス』中谷和夫訳、日経BP社

貝島桃代・黒田潤三ほか（2001）『メイド・イン・トーキョー』鹿島出版会

キーフ、P・ラーデン（2005）『チャター　全世界盗聴網が監視するテロと日常』冷泉彰彦訳、NHK出版

今和次郎（1987）『考現学入門』ちくま文庫

齋藤純一（2005a）「都市空間の再編と公共性」植田・神野ほか（編）『都市の再生を考える1』岩波書店　＊

——（2005b）『自由』岩波書店

斎藤貴男（2004）『安心のファシズム』岩波新書

セネット、リチャード（1991）『公共性の喪失』北山克彦・高階悟訳、晶文社

デイヴィス、マイク（2001）『要塞都市LA』村山敏勝・日比野啓訳、青土社　＊

常松洋（1997）『大衆消費社会の登場』山川出版社

ドゥボール、ギー（1993）『スペクタクルの社会』木下誠訳、平凡社

ハーバーマス、ユルゲン（1994）『公共性の構造転換』（第2版）細谷貞雄・山田正行訳、未來社

フレイザー、ナンシー（1999）「公共圏の再考」C・キャルホーン（編）『ハバーマスと公共圏』山本啓・新田滋訳、未來社

藤田省三（1995）「『安楽』への全体主義」『全体主義の時代経験』みすず書房

ベンヤミン、ヴァルター（1993）『パサージュ論Ⅰ』岩波書店

ボードリヤール、ジャン（1984）『シミュラークルとシミュレーション』法政大学出版局

ポロック、グリゼルダ（1998）『視線と差異』新水社

三浦展（2004）『ファスト風土化する日本』洋泉社

森川嘉一郎（2003）『趣都の誕生』幻冬社

吉見俊哉（2005）「都市の死　文化の場所」植田・神野ほか（編）『都市の再生を考える1』岩波書店

ライアン、デイヴィッド（2002）『監視社会』河村一郎訳、青土社

——（2004）『9・11以後の監視』田島泰彦監修・清水知子訳、明石書店

＊印はキーワードⅡの一部文献を兼ねる。

パート Ⅱ

住まいのポリティクス

3章　囲われる空間のパラドックス――分類化する社会

佐幸信介

1　生活を囲い込むこと

セキュリティ・タウンやセキュリティ・マンションが、近年都市部に限らず、日本各地に建設されている。それらは、治安や防犯を向上するためのさまざまな建築や電子テクノロジーが集約されている集住の空間である。こうしたセキュリティ型の集合住宅は、外側に対して内側の空間の安全を高めるためにゲートや柵で生活空間を囲んでいたり、監視カメラが設置されていたり、専門の警備員が常駐しているなどの特徴をもっている。

セキュリティ型の集合住宅は、現在の日本の住宅市場においてあらたなトレンドになりつつあるように思われるが、その背景には治安の悪化やテロの脅威に関する社会的言説が広く普及し、治安維持（ポリシング）が社会的関心事となっていることがある。付加価値としての安全（セキュリティ）

は、まずなによりも防犯との結びつきで語られる。

そしてもうひとつ重要なのは、安全への社会的関心がリスク社会の文脈のなかに置かれていることである。それは、セキュリティ型集合住宅に投入されるテクノロジーが、おもに防犯、予防を目的とされていることに端的にあらわれている。このテクノロジーは、今後起こるかもしれない予期せぬ出来事を察知しようとするものであることや、危険な出来事が身近な生活空間のなかで生じる確率をいかに低くするのかが目論まれている。リスクとは事前に知ることができない出来事、つまり、不確実な条件のもとで、ありそうであるが、しかしありそうではない、被害や危険な出来事のことを指す（山口 2002）。リスク社会のなかでの安全のためのテクノロジーは、生じていない出来事に準拠して空間を制御するという意味で、まさにリスク管理テクノロジーでもあるといえる。したがって、セキュリティ型集合住宅には、単なる防犯や治安ということがら以上に、空間をいかに制御し、あるいはコントロールするのかという関心が注がれているということができる。

しかし、こうした安全が重視される社会的文脈において、生活に密着した空間の安全性を高めていこうとすると、「住む」経験をめぐって私たちはいくつかの矛盾に直面することになる。それは、なによりも防犯が実現可能なのか、という問題を常に安全のためのテクノロジーは抱え込まざるをえないからである。あるいは、安全が指向された空間には、当初の目論みを裏切るという一種の逆機能、あるいはパラドックスが孕まれてしまう。それは、安全な生活のために投入されるテクノロジーが、予防の側面を重視しながら、しかし事後的対処の側面も有するというテクノロジーの二重性に起因しているということもできるだろう。[i] 予防を目指すけれども、何か不測な事態が生じるかもしれない、という不確実さを空間は常に内包している。このことは、リスクという点からは論理的に矛盾しないが、「住む」という私たちの実際に照らしたとき、それほど簡単にすまされるわけではない。なにか不測な危険な出来事が起こるかもしれないし、起きないかもしれないという生活空間の不確実な状態は、住民の心理的な不安に転化されるからだ。

本稿では、セキュリティ・タウンやセキュリティ・マンションに代表される、セキュリティ型集合住宅をとおして、生活空間を安全な空間としてコントロールしていくことに随伴するパラドックスを探っていく。このパラドックスはある意味で住むことをめぐる難しさでもある。それは、生活する空間の安全を高め、私たちの安心を高めることは、けっして否定されることではないポジティブな価値を有しているにもかかわらず、住むことの多義性を失わせたり、排他性を発揮したりするような住むことの自己否定へとつながりかねないからである。

その際に、次のようなイーフー・トゥアンによる住居の本質的な特徴についての指摘と、現在との異同を慎重に見極めていく必要がある。

住居はなかの住人を雨や風から護るための要塞であり、それは人間の無力さをつねに思い起こさせる。［中略］概していえば、人間が地上に設けた境界線——生け垣、城壁、あるいはレーダー網など――は、どれも自分に敵対する勢力を寄せつけまいとするものである。境界線はあらゆるところに設けられているが、それはとりもなおさず、あらゆる場所に脅威が存在するということだ。隣家の犬、泥靴をはいた子供、よそ者、狂人、外国の軍隊、病気、オオカミ、風、雨などなど、われわれはいたるところで驚かされているのである。（トゥアン 1991:17）

このような指摘からわかるのは、まずなによりも人間にとっての住居が外的な自然との関係でとらえられていることである。さらに、住居は外側からのなんらかの脅威にたいする要塞であり、内側の人間の安全を建築的に守る一種の砦でもある。つまり、住むという営みには「守る（護る）」ことと「境界を作る」という二つの意味が同時に内包されている。

トゥアンの指摘は本質的な側面を照らしているが、問題はこうした本質論に、現在の社会のセキュリティ化の動向を還元してしまうことはできないということである。境界を設け、空間を分節化することはけっして中立的ではなく、政治的であり、社会、文化的関係のなかで成立していることは言うまでもない。[2] 現在、私たちが当たり前に考えているような住むスタイルは、持ち家中心の住宅の所有システムや、職住分離、核家族を準拠点にした空間分節と住まい方など、近代の社会的文脈のなかで形成されてきている。[3] 近年のセキュリティ型集合住宅はこの文脈の延長線上にある。そして、本質論による社会のセキュリティ化の擁護や是認は、むしろ逆に、そこに孕まれる問題を不問に付してしまうような言説の逆効果を発揮しかねないのである。

2　集住空間のセキュリティ

電子ネットワークのなかの住居

セキュリティ型の集合住宅は、建築的テクノロジーとセキュリティ・テクノロジーが集約的に投入される現代の典型的な空間のひとつである。こうした安全をひとつの付加価値とした集合住宅は、住宅メーカーや不動産業者だけでなく、あらたなセキュリティ産業の中核となっている警備会社やガス、電気のインフラ関連の企業などによって、すでに日本各地に造成・建設されている。また、こうした住宅の供給は、政策的にも誘導され、一種のトレンドとなりつつある。たとえば、二〇〇一年三月には国土交通省によって「防犯に配慮した共同住宅に係わる設計方針」が定められ、ひとつの指針が提示された。この指針は強制力をもたないものの、二〇〇三年度以降の宅地整備事業や防犯カメラの設置を補助の対象としている。また、大阪府や東京都などでは条例によって同様の指針を定めたり、防犯設計指針にもとづく新築の集合住宅にたいして住宅金融公庫からの優遇措置なども実際に行われている。防犯設計や電子テクノロジーを利用したセキュリティ・タウンやセキュリティ・マンションを建設しやすい制度的環境はこの数年で整備されてきており、今後もこの傾向は継続し、場合によっては住宅市場のなかで標準化することも予想できる。

なかでも日本においてセキュリティ・タウンの先駆といわれているのは、積水ハウスによって二〇〇二年に造成・分譲された「リフレ岬・望海坂」である。[4]リフレ岬は、大阪市内から電車で約五〇分の和歌山県境に近い大阪郊外に位置している。大阪湾岸に沿う国道に面した丘陵地が造成された小高い丘のうえにあり、将来的には全体で約六〇〇世帯の分譲を予定している。国道と私鉄を挟んだ海岸沿いの対面には、古くからある住宅地、街区がある。住宅地の目の前には大阪湾を望むことができ、近接の海岸は夏には海水浴場となる。大阪市内から大阪湾岸沿いに和歌山方面に向かう沿線を辿ると、郊外住宅地が徐々に造成・分譲され、また、関西国際空港にともなう開発がなされていることがわかるが、リフレ岬もこれら私鉄に沿って連なる大阪郊外住宅地のひとつである。

　リフレ岬の数カ所にはＷＥＢカメラが設置され、プライバシーに考慮して人の顔が判別できるまで拡大することはできないものの、各家庭のパソコンで映像を確認したり、アングルなどを操作することができる。各家庭はパソコンとインターネット接続が標準装備され、セキュリティ・サービスの契約が入居時の約束事になっている。それは、センサーや非常ボタンなどのホームセキュリティ・サービスと電子ネットワークとを連動させるためであり、大阪ガスが運営するコントロールセンターと直結している。また、警備員が常駐し、二四時間体制で集合住宅地内を巡回している。

　このようにテクノロジーに取り囲まれていると殺伐としているかのようなイメージを抱くが、実際は住みやすさや快適性が重要な付加価値となっている。たとえば、住民交流のさまざまなイベントが行われていたり、ＩＤとパスワードでログインする住民専用サイトは、ＷＥＢ上の電子回覧板、電子掲示板としても活用されている。リフレ岬については、すでにさまざまなメディアで数多く紹

写真3-1　オープン型「セキュリティ・タウン」

介されているが、高度に整備されたセキュリティ・テクノロジーとそのシステムのイメージとともに、生活の快適さや生活環境のよさ、住民同士の活発な交流が紹介されている。[5]

リフレ岬に代表されるセキュリティ・タウンは、一戸建ての住宅群からなる集住地域であり、一般にオープン型と呼ばれ、都市郊外に建設される傾向にある。その意味で、郊外型住宅の系譜に属すると考えられるが、新たに造成した住宅群全体を安全にする仕掛けが空間的に配備されている。

セキュリティ型集合住宅にはセキュリティ・マンションに代表されるもうひとつのタイプがある。こちらは都市部に多く建設されており、その形状から城郭型と呼ばれる。城郭型の場合、集合住宅の周囲を柵や壁で取り囲み、住民はひとつのゲートを介して出入りする。城郭内部は、共有空間としての中庭を住棟で取り囲むような空間的配置がとられている。内側と外側を柵や塀で切り分け、外側に対して閉じ、内側にウォームな空間をつくる。文字通り城郭のイメージである。このタイプはアメリカで広く見られるゲーティッド・コミュニティとその形状が近似している。

写真3-2 城郭型「セキュリティ・マンション」

二つの形状の違いは、ひとつには立地の問題もあるが、もうひとつは住宅や空間の所有形態の違いによるところが大きい。日本の場合、郊外に造成される戸建ての集合住宅では、住居部分は個人によって所有されるが、外側の街路や公園などの共有スペースの所有権を持たないため、完全に閉じられたセキュリティ空間を物理的に作ることは難しい。他方、区分所有にもとづくマンションのような集合住宅では、外側に対して閉じ、内側の快適性を充実させており、高度なセキュリティ機能が実現可能となる。共有空間にあたる部分やマンションの建物それ自体が共有で、住居内の空間を所有するという区分所有の場合、共有部分にゲートやセキュリティ・テクノロジーを設置することが可能となり、城郭型の閉じた空間をつくる条件が備わっている（竹井 2005）。

こうした住居の所有形態の違いに着目して、集住の異同について経験的な考察をしてゆく必要性はけっして減じるものではないが、ここではむしろ住居と安全との関係に焦点を絞って、共通点を探っていくことにしたい。セキュリティ型集合住宅の特徴をあらためて整理しておこう（図3－1）。

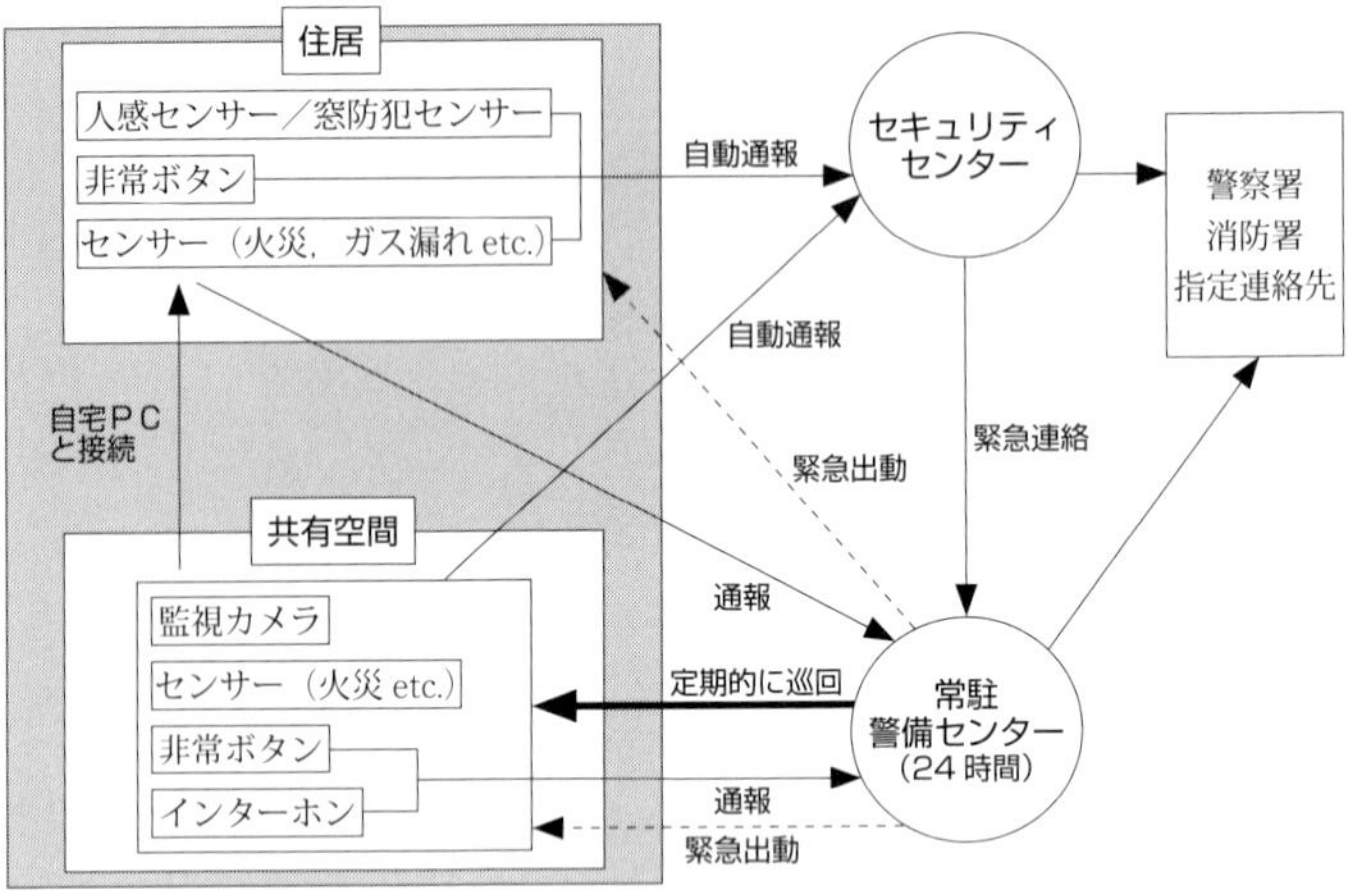

図3−1　住空間にたいするセキュリティの一般的な例

オープン型、城郭型のいずれの場合でも、防犯のさまざまな試みが強調されている。防犯対策のための高機能のカギや窓、建物の構造といった住宅そのものに対策が装備されている。また、空間の可視性と透明性を高めるため、住宅地の見通しや明るさを確保し、死角を作らない空間配置の工夫が図られる。同様の目的で監視カメラが、外側と内側の境界や街路が交叉する地点、公園などの要所に配置され、常駐の警備員が巡回する。非常ボタンや住空間の内部に設置されたセンサーは、ネットワークでセキュリティ・センターに接続されている。この電子テクノロジーのシステムは専門の警備会社によって管理され、コンピュータによる二四時間の保安体制が配備される。防犯と直結するさまざまなテクノロジーとネットワークが集住空間の全体を取り囲んでいる。

そして、多くの場合、もうひとつ強調されるのが「コミュニティ」である。このコミュニティについてはあらためて後述するが、コミュニティは防犯と住民によるまちづくりの二つの価値が相生するひとつの重要な関心（interest）となっていることが特徴である。たとえば、住宅単体では防犯に限界があり、住民の交流によって相互監視の機能と同時に住民同士のコミュニケーションを活発にし、外部の人間が入りにくい空間をつくるということが、住宅雑誌やホームページなどで指摘される。こうした交流が物理的空間として具体的に表象されているのが、共有スペースとしての中庭であり、共有した時間として表象されるのが、バーベキューや餅つきなどのイベント、ゴミ掃除などの共同作業である。

空間と身体の情報化

これまでは、新しく登場してきたセキュリティ型集合住宅をみてきたが、もうひとつの事例を挙げてみたい。すでに住宅地が形成されている場合でも、安全のための電子テクノロジーによる囲い込みの方法は考案されている。あるセキュリティ企業は「タウンガード」とよばれるサービスを販売している。[6]

タウンガードに登録している住宅と個々人は携帯電話やインターネットによって電子的な輪が形成されている。もしこの電子的な囲いの内部で不測の事態や問題が発生すれば、ネットワークを管理するコントロールセンターに連絡が入れられ、そこからいっせいにパソコンや携帯電話にメール、あるいは警報が配信されるシステムになっている。物理的なゲートで境界を作らなくても電子的に

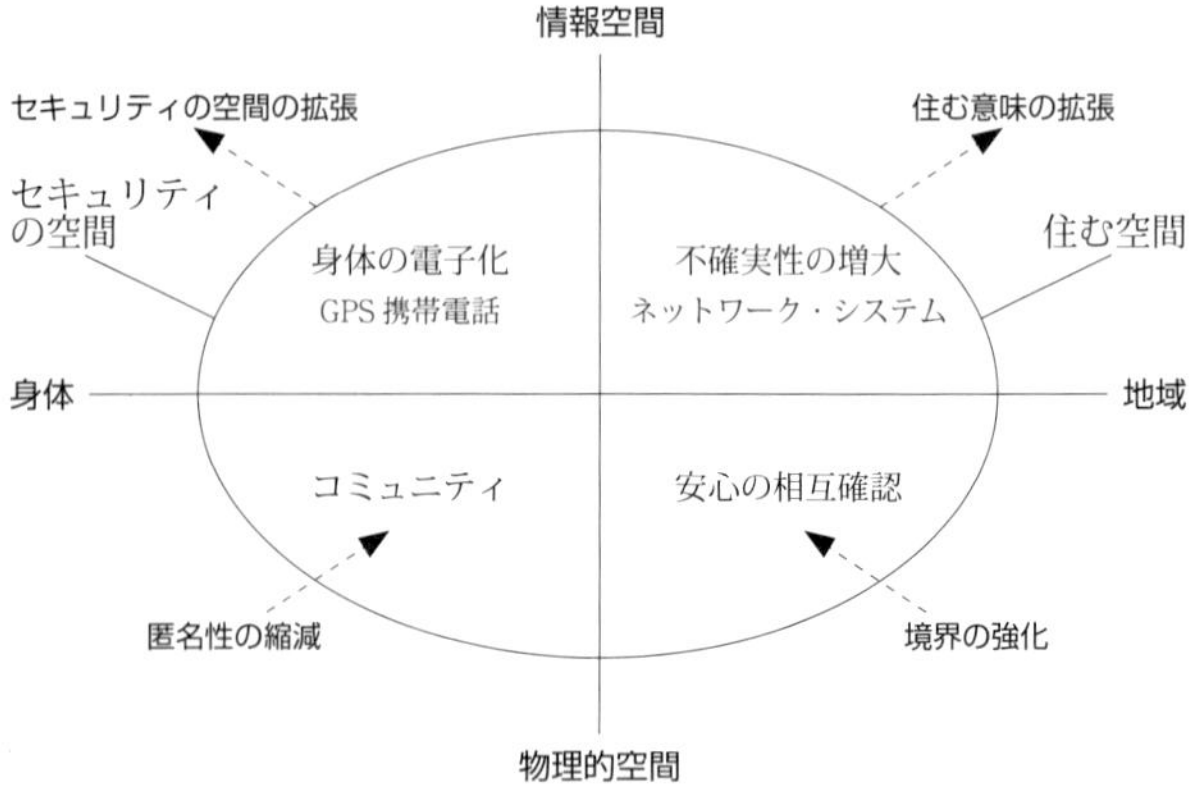

図3-2 セキュリティの空間

見えない形で空間を囲うことができる。

このようなテクノロジーは隣接する住宅群を情報空間化することが第一の目的となっているが、機能の側面から敷衍して考えると、電子的ネットワークは場所に密着した物理的空間と一致していなくてもよいことを意味している。すでによく知られているように、GPS機能（Global Positioning System：全地球測位システム）が付いた携帯電話を子どもに持たせたり、GPS機能のチップが埋め込まれたランドセルが販売され、実際に通学や塾に通う子どもの安全を確認する方法として利用されている。こうした例からもわかるように、GPS機能を用いれば、個々の身体を情報化し、追跡、捕捉し、場所に制約されないかたちで人びとの身体を空間的にコントロールすることができる。つまり、実際に私たちの身体は情報化され、居住空間、セキュリティ・タウン、道路、駅、学校、会社などそれぞれの空間において、つまり全域的かつ個別的に電子化され、そして捕捉されうるのである。

こうしたモバイル型のテクノロジーとネットワークシステムを利用する事例、そして先に挙げたセキュリティ・タウンのセキュリティ・システムの事例もあわせて考えてみると、次のような特徴を抽出することができる（図3－2）。

私たちの住む空間が、セキュリティという点において、物理的空間の安全と情報空間の安全の二つの次元の組み合わせから構成されていることがわかる。電子ネットワーク・システムでセキュリティを可能にしているのは、住空間の情報化と身体の情報化の条件が整えられているからである。そして、実際に安全を高めるためには、空間が常に見守られていなければならないが、物理的空間と情報空間との組み合わせに照応して、見張る（watch）と走査（scan）の二つの視線が同時に活用されている。具体的には、監視カメラや警備員によるwatchがなされ、センサーをはじめとした電子テクノロジーによって情報化された空間と身体がscanされるというような組み合わせである。

このように考えると、セキュリティ型集合住宅の新しさとは、単にセキュリティ・テクノロジーが積極的に用いられるところにあるのではなく、私たちの住む意味内容の伸縮をもたらしているところであろう。つまり、身体と空間の情報化を介して、情報空間という位相で従来の境界を越えて外側に拡張し、同時に、境界の内側に向かって安全性の強度を高めようとしている。しかも、さまざまなセンサーで外部と接続されている居住空間の内部は、電子的に外部に開かれてしまっている。

3　測定される安全／危険

セキュリティか監視か

こうした住む意味内容の伸縮は、監視社会のモードの変容と対応している。この監視の質的変化については、ドゥルーズがフーコーの規律型権力との対比で管理型権力による監視＝管理社会を指摘しているように、社会の情報化と照応する権力関係の変容として論じられてきた。監視の対象が個人や主体、それを裏付けるような署名ではなく、数値化された個人、情報化された身体が管理の対象となり、その管理はデータベースや電子ネットワークの次元で作動する[7]（ドゥルーズ 1996）。同様にライアンは、身体の情報化の進展を「消失する身体」と呼び、数値化された情報がネットワーク・システムのなかで包括的に、そして特定の中心をもたないような形で掌握されることを指摘している。特定の誰かだけがそのネットワーク・システムを支配するのではなく、ネットワークに関与するさまざまな人びとや機関が、商業ベースであろうと行政ベースであろうと、オーケストレーションするようにネットワークの相互関係のなかで情報の管理が可能となるのである。

セキュリティ型集合住宅においては、このような監視テクノロジーが安全のためのテクノロジーとして積極的に利用されている。その結果、住むという点においては逆説的な事態であるが、公に対する私という区分があいまいになり、家庭や身体といった私的な領域にとって、住居は防御壁とはなりえなくなる。

問題は、一つには、物理的空間から電子的空間への移行である。電子装置が、ときには私たちの知らぬ間に、家の内外でデータをやり取りするとなれば、家の中は外側の世界の要求や圧力を逃れた避難所だという虚構は転覆される。（ライアン 2002:33）

ライアンやドゥルーズのこのような指摘をふまえるとき、生活空間の安全のために導入される監視テクノロジーは、安全を求めるセキュリティ型集合住宅と矛盾するのだろうか。あるいは、同じテクノロジーを一方では安全のために用い、他方では監視のために用いるという、目的と選択にかかわる問題なのだろうか。

このことを考えるために、セキュリティ型集合住宅の近過去の住居とのつながりを確認しておく必要がある。というのも電子的テクノロジーは、社会のセキュリティ化が盛んに言われるより以前に住居の中にやってきているからである。それはインターネットのようなコミュニケーション・メディアに限定されるのではなく、ラジオやテレビといったマス・メディア、電話や有線などのコミュニケーション・メディアなど、住居はさまざまなテクノロジーを受容する器であった。さらに、水道、ガス、電気などのインフラは住居の内部と外部がつながっている。すでに実現されているユビキタス化の形態であるスマート住宅はこれらのテクノロジーが統合されたものである。つまり、住居は電子テクノロジーをはじめとしたテクノロジー・ネットワークの集積体であり、そしてネットワークのなかの端末である。私たちが普段生活している住居は、物理的境界によって外部を遮断していたとしても、その内部はさまざまな回路で外側とつながっているのである。その意味では、住居はすでにプライバシーと厳密に対応した建物ではありえなくなっている。

このように考えると、セキュリティ型の集合住宅は、住居をとりまくテクノロジーのネットワーク・システムを、防犯を結節点にして再統合しているとみなすことができるだろう。このような集合住宅は、生活する空間の安全性を高めることが目指されている。そうすることで、人間の身体を危険から守ろうとする。この住む空間を守るために電子テクノロジーや監視カメラが積極的に用いられる。このとき、住む空間が情報化され、物理的空間とは位相が異なる安全のための情報空間が構築されることになる。集合住宅のセキュリティ化は、住まいの安全が強調される以前からテクノロジー・システムとなっていた住居とセキュリティ・テクノロジーとが接合した結果であるということができる。すでにセキュリティ型集合住宅の条件が、現代の住居に備わっていたのである。

住居はその内側からテクノロジーのシステムに開かれていた。つまり、セキュリティ型集合住宅のテクノロジーの再統合とは、住居の内側と外側の入れ子構造のような重層的な関係へと空間を再編成し、ドゥルーズやライアンが指摘するように、安全の問題を情報空間へとあらためて抽象化することを意味しているのである。そしてこの情報空間は、専門のセキュリティ企業が管理するコンピュータ・システム、いわば電子の眼（ライアン 1994）によって監視されていると同時に見守られているのである。

リスクと安全のパラドックス

安全が目指される生活空間が、眼に見えない電子的な境界によって囲われるとき、その空間は情報化され、安全性や危険性がリスクとして測定される対象となる。

安全のための情報空間は、しばしば地図上で示される「犯罪マップ」のなかに布置される。この犯罪マップは自らが生活している場所の安全性を確認するための指標となる。

犯罪マップはGIS（Geographic Information System：地理情報システム）を用いて推計され、情報化された犯罪密度の分布図である。この地図は重田によれば、中立的に存在するのではなく、「地図の上に重ねられ、情報として活用されるデータは、それ自体ある種の物質性を持つ現実として見る側に働きかけ、背景地図に対応する物理的な場所が、統治と管理の対象として浮上してくる」（重田 2003：264）。

このような測定可能な情報空間といったとき、重要なのはセキュリティ型集合住宅の周辺で犯罪が実際に起きているか否かではなく、そうしたあくまでも予期しない出来事が生じる確率の問題として推計されるということである。それは、リスク計算として蓋然性が比較されることを意味している。この蓋然性はコントロールと管理の対象となる。

ところで、リスクとは「常に利益を得ようとする人間に対して科される反対給付（コスト）」を備え、危険が必然的である場合にはリスクは成立せず、「起こりうる可能性」、もしくは「蓋然性」として表現される。そして、「リスクは、人間の力で、その発生を防止したり、起こってしまったときの損害や被害を緩和することができるような危険」とみなされる。さらに重要なのは、技術が発達すればするほど、リスクは増大する性質をもっているという特徴である（村上 2005）。

こうしたリスクの性質は、ベックが指摘する再帰性を備えている（ベック 1997, 1998）。リスクは私たちの社会内部から生み出され、その解決も社会内部で図られていかざるをえない。つまり、自らが作り出した問題を前にした「自己との対決」を内包した社会が、工業社会以降の近代の特徴のひとつとなっているのだ。たとえば、環境破壊に典型的にみられるように、テクノロジーが引き起こした破壊をテクノロジーによって解決していく。しかし、そこにはある種の悪循環が生じうる。

テクノロジーの帰結として生じるリスクは、テクノロジーによってその制御の可能性が図られるが、今度はその二番目のテクノロジーによって次のリスクが生み出される。生起確率（蓋然性）としてリスクが測定されるかぎりにおいて、「安全」と「危険」は同じことを別の観点からとらえたにすぎない（山口 2002）。リスクは前近代社会のように社会の外部からやってくるのではなく、私たちの社会内部からうみだされたものである以上、一〇〇％の安全という事態がない代わりに、〇％の危険もありえない。リスクの深刻さは、

現時点における損害の回避や制御が不可能であるからといって、安全性を求めて意志決定を回

避したり引き延ばしたりすれば、今度はそのことが別のリスクを生むという、リスクからの逃れようのなさ、つまりはその自己言及性、あるいは、安全性を高めようと努力することがかえってリスクを招くというそのパラドックス性にある。（山口 前掲：173）

こうしたリスクがもつ特徴から私たちの住む空間の安全を考えたとき、住む空間をコントロールし制御しようとすることは、文字通りの「防犯（抑止）」という意味で、危険な出来事の発生を抑制しようとする振る舞いである。と同時に、蓋然性のリスクのパラドックスから離脱することはできなくなっていることを意味している。犯罪の発生確率はゼロになることはない。私たちの住む空間は、犯罪が発生している社会空間の内部にあり、それを無視することは新たなリスクを生み出すことになる。つまり、生活空間の安全を向上させようとしてさまざまなセキュリティ関連のテクノロジーを用いたとしても、リスクの発生確率を低下させることは一定程度可能かもしれないが、完璧な安全を保障するものではないのである。まさにセキュリティ化のなかでの住む空間はこのパラドックスを内包し、私たちはパラドックスとともに生活しなければならなくなる。

4　象徴暴力とコミュニティ

安心のためのコミュニティと安全の排他的占有

こうしたパラドックスは、住むという営みの場面で実際に安心を実感できるのかという、日常生活へと折り返される。図式的にいえば、物理的空間と情報空間とのズレが、日常生活のなかで不安として顕在する状態が作られる。そのとき次のような言説が治安の文脈のなかで産出され、心理的な不安と結びつけられる。「安全のためのテクノロジーは整えたが、しかしそれだけでは安全にとっては不十分である」。そして、こうした言説によって不安のスパイラルがさらに誘導され、このスパイラルに「コミュニティ」が動員されていく。「地域の空洞化が犯罪増加の原因である」、「近所づきあいが深い街は見知らぬ人間を際だたせる」、「相互監視の機能が作用すると、外部の人間を寄せつけない空間を形成することができる」などの言説において、生活の安全にとってコミュニティづくりが不可欠であることが強調される。コミュニティが技術的な安全の不十分さを補完する有効な手だてであり、その産物として新たにまちづくりにも寄与すると[8]。

しかし、このような「コミュニティ」の用いられ方には違和感をおぼえることも事実である。コミュニティ概念は多義的であり、だからこそ社会学をはじめとしたさまざまな場面でその可能性が争点になってきたからだ。安全に結びつけられるコミュニティの場合、居住の近接性と地域性にもとづく共同性として語られる。また、そのコミュニティには、近隣住区の自治会や、学校のＰＴＡ、防犯パトロールや防犯マップづくりを積極的に行う住民のボランティアなど多様な社会関係や地域社会のネットワークが動員されることが多い。

　このとき問題なのは、まちをつくるという営みと、集住空間やその地域社会の安全のためにコミュニティの同質性と排他性を強化するという、一見すると二律背反的なベクトルがコミュニティの多義性のなかに混在していることである。コミュニティはまちづくりへと積極的に関与していることのひとつの社会関係であり、ともに生活することの価値を表象している。しかし、この意味充足的な価値の共有は、社会のセキュリティ化という文脈においては、居住の近接性にもとづく集住空間や地域社会の内部の同調性へとむかう。こうしたコミュニティの姿は「草の根セキュリティ」（杉田 2004）と呼ぶことができるだろう。安全な空間や安心できる生活にたいする下からのニーズを「コミュニティ」はあらわしており、このニーズがセキュリティ化する社会とコミュニティという場で共犯しているのである[9]。

　こうした同質性と排他性を同時にもつ内向するコミュニティは、いわば、顔が見える関係を構築することを意味しているが、そこでは空間を共有する住民の間から、相互不信の契機を追い出すことが含意されていると思われる。つまり、安全な社会という文脈のなかでは、コミュニティは相互不信を、相互に「安心」を共有することへと転化させる蝶番として機能しうるのである（図３－２、一一四ページ参照）。なぜなら、先述したように犯罪などの予期せぬ出来事が発生する蓋然性という点では、集住空間内部と外部との区別はあいまいさをもっており、また、情報空間と実際に住む物理的空間とのあいだにはズレをもっているからだ。そして、集住空間の外側の地域社会も完全に安全でないとすれば、その地域空間の不完全な安全を「安心」で補完せざるをえない。だとすれば、安心の共有は、鈴木謙介が指摘するように、外と内との境界を自らが設け内側の住みやすさや良い関係を維持していくための、内向きに道徳化する社会のひとつの現れであるともいえる（鈴木 2004）。その意味では、安心の共有とは、不完全にしか実現できない安全な空間や、情報空間と物理空間とのズレを補正するための、「想像された空間」ということができる。

このような安全性のもとに均質化していくコミュニティにはどのような問題が孕まれるのだろうか。バウマンは、ゲーティッド・コミュニティを、安全という利害を中心にむすびついている近隣関係としたうえで、それはネオ・リベラリズム化が進行する社会のなかでのコスモポリタン的な生活スタイルのひとつの現れであり、同質性にもとづき、他者が不在のコミュニティであると述べる。同質性を結びつけているのは、ゲートという境界を越えたところで可能となる「弱さ」をお互いに補完し合うというあり方とは対極にあるものだと批判する。つまり、共に生活するなかでの相互交渉に代わって、分断することを選択する社会の空間的な表現がゲーティッド・コミュニティである（Bauman 2001）[10]。

安全の問題に直結されたこうしたコミュニティの増加について、これまで公共性と私的領域との関係の変容として議論されてきた（デイヴィス 2001、渋谷 2003、斎藤 2004、五十嵐 2004、ブレークリー

＆スナイダー 2004など）。[11] こうした議論の多くは、従来型の公共的領域と私的領域との二項対立、すなわち外部に対する私的なものの保護といった枠組みや、たんなる公共的領域と私的領域との分離という関係では、現在のセキュリティ化する社会はとらえられないことを指摘している。[12]

　居住の近接性にもとづく同質なコミュニティは、セネットが「親密性の専制」（セネット 1991）と呼ぶような、あくまでもわれわれによってわれわれに向かって志向されるものだといえるだろう。それは、コミュニティの私化（プライバタイゼーション）である（ブレークリー＆スナイダー 2004）。しかし、ここには住民自らがコミュニティを運営していくという自己統治（自治）の問題と、空間の所有の問題、つまり、安全の私有化や空間の占有化の進行の二つの問題があると考えられる。

　前者についてはゲーティッド・コミュニティが社会のネオ・リベラリズム化の産物であるとバウマンが述べるように、治安を住民自らが自己責任・自己努力で維持していくことが推し進められる。これまで行政的な公共性が担ってきた事柄が、住民個人やコミュニティ、専門のセキュリティ会社（市場）に折り返されている。その意味では、安全にたいする自助努力と自己責任が誘導され、強いられていると言ってもよい。それは、齋藤純一が指摘するように、国家の集約的・権威的・画一的な統治のあり方とは異なる、脱福祉国家社会のなかでコミュニティをはじめとした中間団体が積極的に動員され、顔が見える関係の自己統治が促進されているといえるだろう。国家による統治は、住民による自己統治を統治する（統治の統治）という二重構造をもつことになる（齋藤 2000）。実際にこのことは、セキュリティ型集合住宅に典型的にみられるように、社会の安全がセキュリティ産業などの市場によって担われることにも端的にあらわれている。

後者の空間の排他的所有・占有の問題は、公的領域と私的領域の空間的な再編成をもたらす。私化されたコミュニティは、デイヴィスが指摘するように、それぞれ「飛び地」として独立し、都市のなかに偏在する。われわれにとっての安全な空間を占有することは、他の者が居る空間は危険であるという排他的な関係を作り出す。それは、「新住民と旧住民、貧者と富者との間に起きるいかなる空間的相互交渉をももたせない」分離した空間として再編される（デイヴィス 2001）。こうした事態は、公的領域と私的領域の対抗的な関係ではもはやなく、同質的な私的領域と稀薄な公的領域とがモザイク化した社会空間でもある。それは、安全な空間を囲い込み（inclusion）ながら、そうでない空間を排除（exclusion）するという、相互に排他的に分類しあう社会関係を空間を介して作り出すことでもある。

象徴暴力と分類される社会

だが、ここであらためて考えておかなければならないのは、ゲートや見えない電子的境界を設定することは、防犯や生活の安全を確保していくという点ではけっして不当だとは通常みなされていないという点である。また、電子テクノロジーや監視カメラ、センサーを用いることは、他者排除のための排除、つまり排除を自己目的化しない。あるいは逆に、安全のために囲い込む空間を作り、結果的に排除することになったということでもない。安全を求めること、空間を囲い込むこと／排除することが同時に生じているのである。しかし、こうした社会の分類化をともなう安全のニーズの成立は、けっして必然的ではない。

ブルデューは、社会のなかの恣意的な価値が、正統性の言説へと転換されるなかで誤認され、かつ承認される社会的コミュニケーションの共犯関係を生み出す力を象徴暴力と呼んだ（ブルデュー 1988, 1991）。ブルデューは、近代社会においても作用する神話的な暴力としての象徴暴力を、学校教育の空間や趣味の領域で分析的に論じたが、その際に問われていたのは、人びとの日常的な認識の枠組みと社会的な構造とが共犯したところで成り立つ象徴的支配の問題であった。つまり、社会に対する人びとの身体化された分類図式と社会的な分類の構造とが、日常生活のなかで自明な関係として構築されていくメカニズムを経験的に論じていた。

この象徴暴力の枠組みを安全が求められる社会の文脈に敷衍するならば、つぎのような矛盾に私たちはふたたびつきあたることになる。安全な空間を所有したり占有したりすることは、セキュリティ化する社会のなかでは、安全である空間とそうでない空間との差異関係を形成することであり、このとき空間は社会の分類化の作用点となりうる。住むことをとおして私たちが行使する安全についての分類図式と、安全をめぐる空間の社会的分類とが、住むことをとおして離れがたく結びつく。住むことに必然的にともなう相互排他的な安全をめぐる分類図式は、安全が優先される社会のなかで成立している。つまり、空間を囲い込んだりすることは、同時に「安全」という拒否しがたい社会的な価値を認め、安全を優先する社会を受容することである。あるいは逆に、囲い込み／排除を放棄するならば、私たちは、安全という価値を放棄するのかという不毛な二者択一に直面させられる。象徴暴力とは、このように住むことそのものについて問うことの不毛さを感じざるをえないような閉鎖系に問題を取り込み、それ以外の選択肢を隠蔽していく力の作用だということもできる。

別の言い方をするならば、境界線を空間に引くこと自体がそもそも恣意的な行為である。にもかかわらず、囲い込みと排除、内部と外部との関係が、境界内部の集住空間や同質的なコミュニティにとって正統性を持ちうるのは、安心の想像された空間（コミュニティ）が境界と共犯するからである。なぜなら、逆説的な言い方ではあるが、すでに指摘したように、内部の空間も完全に安全ではないからだ。だから、安全をわれわれが占有しなければならない。この文脈のなかで、意味充足的なコミュニティやまちづくりを掲げながら、その一環として防犯マップをつくることは、まさに象徴暴力の典型的な形態であるということができるのである。

5　逆説的な安全の空間

私たちは、セキュリティ化する社会のなかで、住むことをめぐってこのような幾重もの悪‐循環に直面する。蓋然性として測定される情報空間としての安全の空間においては、安全は実現されえない。リスク管理以上のテクノロジーの利用はできない。にもかかわらず、安全が重視され、安全にたいするニーズが高い現在の社会において、住むという営みは、安全な空間を所有・占有しようとすることに限りなく一致していく。不完全な「安全な空間」と想像された「安心の空間（コミュニティ）」との共犯関係に、象徴暴力が作用する。集住空間の内側と外側を区分する境界線は社会を分類化するが、象徴暴力はこの境界線の恣意性を隠蔽させ、日常的な住む経験に安全をめぐる排他的な関係を自明のものとして織り込んでいく。このような社会のセキュリティ化の延長線上には、ややもすると住むことの自己否定、住むことがはらんでいる多義性を自らが縮小させてしまうことへと陥ってしまう可能性すらある。

この逆行するような住むことの自己否定の可能性を示唆する具体的事例は、実は意外と身近なところにある。近年メディアでしばしば取り上げられ、近隣住民にたいする迷惑やひんしゅくすらかっている「ゴミ屋敷」は、自己否定的な可能性を住むことの逆説とともに示唆しているように思われる。ゴミ屋敷は、ゴミという通常ならば廃棄されるものを所有し、そのゴミで自らの敷地や住空間を埋めつくし、他を寄せつけない境界を作り上げる。ゴミを所有するという振る舞いは、私たちの近代的私的所有に立脚した住む常識を覆している。そして、ゴミの空間が所有の空間へと転換されたとき、守るべきものはゴミとなる。この逆説は、住むことを自己否定しているかのようなゴミ屋敷の方が、近づきがたい空間としてきわめて高い空間の安全性の確保を可能にしている。

そして、この逆説は、結果的に象徴暴力を転覆させる効果を発揮しているともいえる。安全が優先される社会では、空間を囲い込むことが相互排他的な関係を同時に発生させているが、象徴暴力はこの排他的関係を見えにくく、問われがたいものにする。ところが、周囲から不信の目で見られるゴミの所有と囲い込みは、むしろ相互排他的な関係の方を際だたせ、それと安全が優先される社会とが結びついていることを映し出してしまう。

私たちは住むことに対して関心が強い社会に生活している。すでに論じてきたように、住むことへの関心は安全のニーズと重なっており、住宅を所有すること、あるいは空間を占有することへの関心へと傾斜している。防犯に特化するコミュニティも、排他的に空間を占有する範疇を出るものではない。住むことと空間の所有や占有とが、治安に集約された安全な社会の同一平面で結びつけられ、この閉鎖性が、住むことをめぐるさまざまなパラドックスを生み出している。

こうした閉鎖的な悪循環の空間にたいして、所有や占有とは別の位相にある、住むこと、集住することの多義性を対置していく脱文脈化が焦眉な課題として問われなければならない。同時に、日常的でありふれた生活の経験のなかにある、防犯以外の安全に関する多義性（誰にとっての安全なのか、あるいは介護や医療など身体に関わる範疇までも含めた）が蓄積される条件を、集住するという地点にたちどまって見直していく必要がある。

注

・1　監視テクノロジーが「事後」から「未然（予防）」へとシフトしている点については、本書1章「公共空間の快適と監視」で示されている。また、同様の指摘は渋谷（2003）や鈴木（2004）でもなされている。

・2　住居の空間や境界についての議論は建築学や住居学、生活学、人類学、あるいは文学などの分野で限りなく産出されている。社会学では、たとえば、ブルデュー『実践感覚　2』（みすず書房）で前近代的なアルジェリア社会の住居の神話的な空間構成を議論している。家族と住居との関係については、西川（2004）、上野（2002）、鈴木・上野ほか（2004）などがある。

・3　近代的な住むスタイルについては、本書パートⅡのキーワードを参照のこと。

・4　日経ＢＰムック（2004）および積水ハウスのホームページ http://www.sekisuihouse.co.jp/bunjou/kansai/misaki/home.html などを参照。

・5　生活の快適性とはそもそも多義的であり、電子テクノロジーやセキュリティ・システムによってもたらされるのか、自然環境やロケーション、人間づきあいなどからの評価など、さまざまな要素の関係から認識されるものである。ただし、セキュリティ・システムと安心との関係はさまざまな場面で言われている。

・6　下記のページ http://www.tg1.jp/subpage/what_tg.htm を参照。

・7　管理型権力については、本書1章を参照のこと。

・8　たとえば、週刊朝日ムック（2005）。

・9　このニーズは、安全を確保するためには多少の権利制限や治安強化は仕方ないという、「草の根セキュリティ要求」というかたちをとる（杉田 2004）。また、齋藤（2000）は、このような動向について、コミュニティの自己統治（自治）というありかたは、「市場における個人の自己努力・自己責任を強調するネオ・リベラリズムと自らの共同体へのコミットメントを重視する共同体主義」とが、個人の生においても、統治の戦略にとってでも結合しつつあると指摘している。

・10　相互交渉がおこなわれる空間について、平山は都市計画の文脈で「競合の空間」と呼んでいる。それはひとつの場所の利用をめぐって交叉する、資本、権力、人びとの異なる欲求の競合関係を生み出す空間である。他方で、都市計画は競合の空間に介入して、場所の内容を予測可能な操作の問題として扱い、その定義を特定して純化しようとする（平山 2003）。

・11　セキュリティの問題もリベラル-コミュニタリアン論争の争点のひとつである。たとえば、杉田（2004）、菊池（2004）。

・12　たとえばカステルはグローバリゼーションのもとで、「新しいコミュニケーション・テクノロジーや『電子〔装置化〕家庭』そして『電子〔装置化〕オフィス』の到来は、地域のスプロール化、郊外住宅化、社会空間的諸関係の個人本位化」（カステル 1999）をうながすと指摘している。

参考文献・資料

東浩紀・大澤真幸（2003）『自由を考える』ＮＨＫブックス
五十嵐太郎（2004）『過防備都市』中公新書ラクレ
上野千鶴子（2002）『家族を容れるハコ　家族を超えるハコ』平凡社
小倉利丸（編）（2001）『監視社会とプライバシー』インパクト出版会
重田園江（2003）『フーコーの穴』木鐸社
カステル・マニュエル（1999）『都市・情報・グローバル経済』大澤善信訳、青木書店
菊池理夫（2004）『現代のコミュニタリアニズムと「第三の道」』風行社
齋藤純一（2000）『公共性』岩波書店
――――（2005）「都市空間の再編と公共性」植田和弘・神野直彦ほか（編）『岩波講座　都市の再生を考える1――都市とは何か』岩波書店
斎藤貴男（2004）『安心のファシズム――支配されたがる人びと』岩波新書
佐藤滋（1989）『集合住宅団地の変遷――東京の公共住宅とまちづくり』鹿島出版会
渋谷望（2003）『魂の労働――ネオリベラリズムの権力論』青土社
週刊朝日ムック（2005）『防犯マップ――犯罪から家族と財産を守る！』朝日新聞社

杉田敦（2004）『境界線の政治』岩波書店
鈴木謙介（2004）「監視批判はなぜ困難か」『社会学評論』五五巻四号
鈴木成文・上野千鶴子ほか（2004）『「51C」家族を容れるハコの戦後と現在』平凡社
セネット、リチャード（1991）『公共性の喪失』晶文社
竹井隆人（2005）『集合住宅デモクラシー――新たなコミュニティー・ガバナンスのかたち』世界思想社
デイヴィス、マイク（2001）『要塞都市ＬＡ』村山敏勝・日比野啓訳、青土社
トゥアン、イーフー（1991）『恐怖の博物誌』金利光訳、工作舎
ドゥルーズ、ジル（1996）『記号と事件――１９７２-１９９０の対話』宮林寛訳、河出書房新社
西川祐子（2004）『住まいと家族をめぐる物語』集英社
日経ＢＰムック（2004）『ビル・住まい・まちの最新事例に学ぶ　防犯セキュリティガイド』日経ＢＰ社
平山洋平（2003）『不完全都市――神戸・ニューヨーク・ベルリン』学芸出版社
フーコー、ミシェル（1977）『監獄の誕生――監視と処罰』田村俶訳、新潮社
ブルデュー、ピエール＆パスロン、ジャン＝クロード（1991）『再生産――教育・社会・文化』宮島喬訳、藤原書店
ブルデュー、ピエール（1988）『実践感覚　1』今村仁司・港道隆訳、みすず書房
――（1989-90）『ディスタンクシオン　Ⅰ・Ⅱ』石井洋二郎訳、藤原書店
ブレークリー、Ｊ・エドワード＆スナイダー、ゲイル・メーリー（2004）『ゲーテッド・コミュニティ』竹井隆人訳、集文社
ベック、ウルリヒ（1997）「政治の再創造」、ベック、ウルリヒほか『再帰的近代化』松尾精文・小幡正敏ほか訳、而立書房
――（1998）『危険社会』東廉・伊藤美登里訳、法政大学出版局
森反章夫（2005）「『居住収縮』現象と社会的実践としてのまちづくり――コモンズ化による地域協同運営のレジ

ーム」似田貝香門・矢澤澄子ほか（編）『越境する都市とガバナンス』法政大学出版局
村上陽一郎（1998）『安全学』青土社
――（2005）「平和・安全・共生」『心の安全空間』現代のエスプリ別冊、至文堂
山口節郎（2002）『現代社会のゆらぎとリスク』新曜社
吉原直樹（2005）「『グローバルな市民社会』と場所のナラティブ」似田貝香門・矢澤澄子ほか（編）『越境する都市とガバナンス』法政大学出版局
ライアン、デイヴィッド（2002）、『監視社会』河村一郎訳、青土社
Lyon, David（1994）*The Electronic Eye : The Rise of Surveillance Society*, Polity Press.
Bauman, Zygmunt（2001）*Community : Seeking Safety in an Insecure World*, Polity Press.

4章 デザインされる空間——視線と集合住宅

小野田泰明

1 公共空間における視線

「監視社会」といっても、監視している人の姿を直接かいま見ることはほとんどない。日常的な生活場面では、それはたまに視界に入る監視カメラからイメージする程度のものにすぎない。しかし、このように他者の視線が不可視となったのはごく最近のことである。数十年前までは、刑務所や軍事施設などの特殊な例を除き、見る側は同時に見られており、見られる側は見る側でもあったのだ。むしろ空間は、こういったインタラクティブな視線によって縫いつけられることで、その公共性を成り立たせてきたと言うこともできるだろう。

公共空間と視線の関係については過去様々な探求が行われているが、集合住宅地における視線の問題を論じたオスカー・ニューマンの「まもりやすい住空間」が分かりやすいかもしれない。米国における犯罪が多発する集合住宅とそうでない集合住宅のデータを照合しつつ、見えることが犯罪の起こりにくさに関係していることを論じたその著書は、犯罪抑止力が専用システムとしての警察よりも人々の日常的な「視線」が涵養する空間特性によることを示したとして、出版された一九七二年当時には大きな反響を呼んだ（ニューマン 1976）。

同時期に西海岸では、バークレーのクララ・C・マーカスとその共同者らにより、都市広場における「視線」の効果が発見される。家庭内化や施設化といった日常行為の囲い込みが公共空間での行為を稀薄化させることを憂いた彼女らは、その大がかりな都市広場の調査を通して、危険なためにうち捨てられたり特定の人々の占有で第三者が排除されたりしている否定的な広場と、人々に愛されてよく使われる肯定的な広場の両者が存在し、後者にはある共通点が存在することを見出していく。使われる広場には、入りやすさ、清潔で安全な印象、バリアフリー、使い方の冗長度、プラザセンス（広場作法）の共有、などの要素が共通しており、そこでは他者の視界への開かれや空間の好ましい見えといった「視線」が重要な役割を果たしていたのである（Marcus 1976）。

一九七〇年代に発表されたこれら一連の研究は「見えること／見られること」が利用者の安心意識を生み出し、空間の適切な利用を導くという結論で偶然にも一致している。では、日常的な生活実践を介して使い手がこのように自発的に組織化していた空間が、システムにより効率的に管理される存在へと転化してしまったのはなぜだろうか。

これらについては社会学の分野で既に多くの探求がなされ、多層的な編成が明らかにされつつある。そこで本稿では、それらを補完する意味で逆方向からアプローチしたい。空間を設計するという行為が、公共空間（特に集合住宅）の計画においてどのように展開してきたかを見ることを通して、その生成の構造に立体的に迫ってみようという訳だ。

2　モデルプランとその一般化――捨象されるコンテクスト

プロトタイプとしての51C型

公営住宅の計画がわが国で本格的に始動するのは、経済復興に伴って農村から都市へ多くの人が移動する一九五〇年以降である。資材や予算が限られるなか、多くの住宅需要に対応しなければならなかった当時の政府が取り組んだのが、「計画」を通した施策の展開であった。データに基づいた集中的な検討と全国への普及、すなわちモデルプランの開発とその一般化が盛んに行われるのである。

旧建設省が主導して、いくつかのプランが開発されるが、それらのうちで最も有名なものが、わずか35㎡足らずの「一九五一年度公営住宅標準設計C型」いわゆる51C型である（図4-1）。35㎡といえば、今日では1ＤＫがやっと確保できるほどの大きさにすぎないが、東京大学の吉武泰水とその研究室の鈴木成文らは、キッチンと食事室を兼ねた椅子座のＤＫを導入し、それまでふすまで仕切られていた個室間仕切りを固定化するなど、様々なアイデアを盛り込むことに成功した（吉武

図4-1 51C型平面図

泰水追悼委員会 2004）[1]。

この51C型の設計を貫いているのは、第一に機能によって空間を整理しようとする態度である。最小限の広さであるにもかかわらず、寝る場所と食べる場所は別の部屋として設けられ（寝食分離）、可能な限り多くの個室が設けられている（性別就寝）。第二には、家事労働の軽減と中心化が挙げられる。主婦が働く流しを従来の北面から南面に移動させ、後にステンレス製のキッチン[2]を装備するなど、どの程度果たされたかは別にして、戦前の家父長制の乗り越えが意図されている。三つ目はプライバシーの確保である。個室間の視線は遮断しながら家族の視線は共用空間で交わるよう調整されているが、これらは自律した個の集合体としての理想的家族像を前提としたものであった。

しかし、このようにしてモデルプランが精緻に開発されたのとは対称的に、住戸内外の繋がりについては長い間等閑視されたままであった。一般解を前提としたモデルプラン開発とその普及を機軸にする「計画」モデルでは、複雑な要件を有する敷地それぞれについて個別解を示していくことは極めて困難だったのだ。

コンテクスト読み込みの限界——階段室型

実際の環境を見ながら考えてみよう。A団地は建築家や大学の研究者が参画して作られたマスタープランに則って、S市が建設した事例である（写真4−1）。住棟の配置は敷地条件を読み込んで丁寧に調整され、通り抜け街路と小広場が随所に編み込まれている。

この団地を構成する住棟は、各階段室に住戸が張り付いている階段室型と呼ばれるものである。両面に十分な開口が取れ、エレベーターの設置を前提としないこのタイプは、エレベーターが高価でバリアフリーに対する要求がさほど高くなかった時代には盛んに用いられ、先の51C型もこのタイプ向けに開発されている。また中低層ということは、住棟の配置を丁寧に施すことで、ある質をもった外部空間の実現が可能ということでもある。決して数は多くないもののA団地のような好例は全国にいくつか散見できる。

写真4−1　通り抜け通路から望む広場（A団地）

しかし、そのようなA団地であるが実際にそこを歩いてみるとなぜか居心地の悪い感覚に襲われる。丁寧な配置が、そこここに人の居ないエアポケットのような空間を取り残しているのだ。配置が変わっても各住戸は内外の明確な区分を前提としたモデルプランを踏襲しているため、分散化された外部空間に住民の日常的行為が供されず、内外の断絶がかえって顕在化しているのだ。

こうした状況には時代的な背景も関わっている。各地に団地が整備され始めた一九六〇年代〜七〇年代は、空間の開拓性に優れ

写真4-2　立ち並ぶ板状の住棟（B団地）

た子どもが高い密度で住まい、大人達にも住戸外で様々な活動を行う風潮が残っていた（植田 2004）。そのため、内との繋がりに不備を抱えた外部空間でもそれなりに使いこなされ、矛盾は顕在化しようがなかったのである。しかしながら子どもの数の減少と居住者層全体の高齢化によって活動レベル全体が低下している現在では、少しでも問題のある空間は視界から遠ざけられ、手入れする価値のない場所という烙印をたちどころに押されてしまうのである。

住戸配置の抽象化——片廊下型

B団地は先のS市がA団地の後に計画したものであるが、南面する住戸を北側の外部廊下で束ねる片廊下型が採用されている（写真4-2）。この型は、最小限のエレベーターで各戸のバリアフリー化が可能で、設計が比較的簡易な割には同条件の住戸を多数確保できるといったメリットから民間の分譲集合住宅でも数多く採用されている方式である。階段室ごとにエレベーターを設置しないと高層化やバリアフリーに対応困難な先の階段室型に比べ[3]、それらにすでに対応できているという長所から、近年では集合住宅構成の標準となりつつある[4]。S市が階段室型住棟による丁寧な配置を放棄し、片廊下型住棟を機械的に配置する方向に回帰した背景にはこうした状況も関係している。

しかしながらこのタイプには大きな問題が存在する。限られた廊下の長さのなかにできるだけ多くの住戸を詰め込む方が経済的なため、各住戸は間口幅を小さくする圧力（フロンテージセーブ）を強く受けるが、この圧力がバルコニー側の奥まった位置に居間を押し込めたいびつな住戸平面を生み出すのである（図4-2）。空間として貧弱な玄関、プライバシー要求の高い個室に挟まれたアプローチなど、このプランは根本的に閉鎖的な性格を有しているが、こうした内閉性は生活行為の外へのしみ出しを減少させ、外廊下や階段などの共用空間をアクセスのためだけの空間にますますおとしめていく。[5] また、この片廊下型はエレベーターコアを中心に動線が構成されるため、住棟エントランスも必然的に一カ所に絞り込まれる。このことはセキュリティゲートを設置しやすいというだけでなく、そうした設備の有無に関わらずこの建築型が街に対しても高い閉鎖性を持っていることを示している。

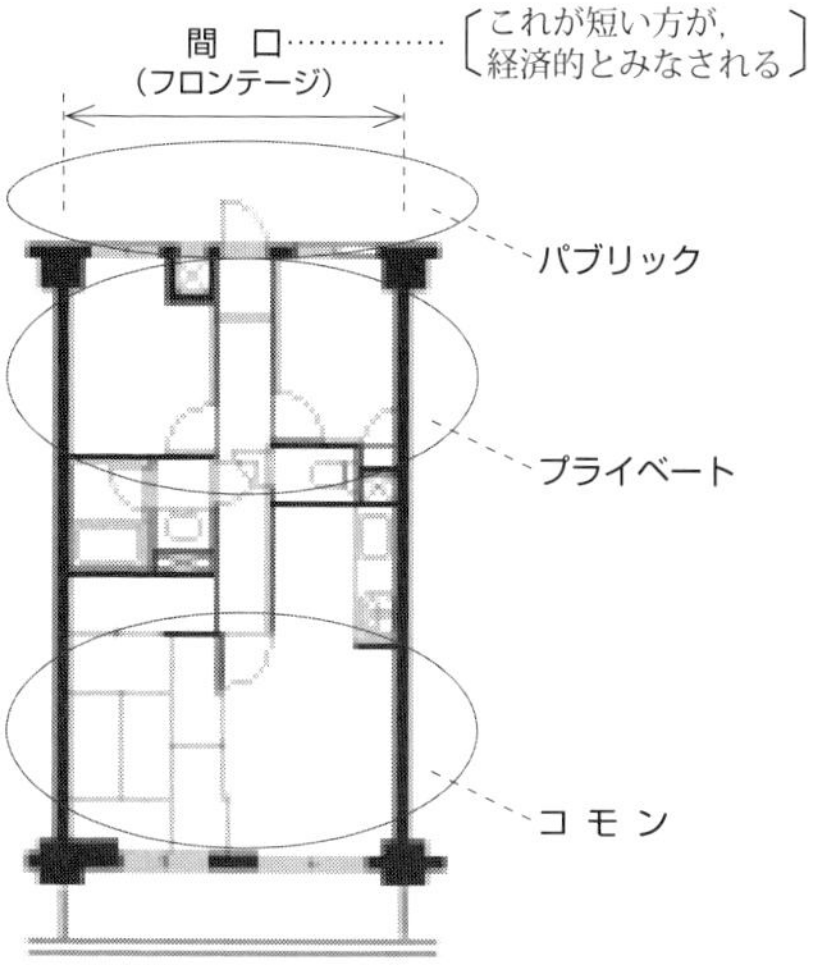

図4-2 典型的3LDK

さらに近年の高層化は、日影など様々な規

制をより厳しく吟味することを設計の現場に要請する。結果としてレギュレーションから逆算される配置パターンの方が、実際に人々が使う外部空間の豊かさよりも圧倒的な影響力を持つこととなり、階段室型ではかろうじて可能であった牧歌的配置はますます困難となっていく（小野田 2005）。鉄の扉で守られた住戸が誰のものでもない共用空間に無表情に整列するコントラストは、このようにしてでき上がっていくのだ。皮肉なことであるが、こうした外と縁を切った構成は現代人の内向化（セネット 1991）の傾向に見事に適合している。ここにおいて一連の閉じられには、プライバシーの確保に機能的というお墨付きが与えられ、より一層普及が促進されていくのである。

もちろんここでは、コミュニティに過大な期待を抱くゲマインシャフト的社会を念頭に置きながら論を進めているわけではない。アーレントの言説から佐藤和夫は「統治論的な公私概念」、「社会運動的な公私概念」と並んで「自己アイデンティティのための公私概念」という層を析出したが（佐藤 2003:72）、公私の境界の冗長性や操作可能性を確保しておくことこそ、この三層目を想起することに繋がると考えるからである。家族は既に幻想だと宣言することは、住居の境界を等閑視していいことと決して同意ではない。個が流動化するなかにあっては、閉鎖しか選べない状況こそ不自然なのである。

先のB団地では夏の夕方になると決まって不思議な光景が展開される。鉄扉の奥に住まうお年寄りたちが、煙草を吸うために北側の外部廊下に出てくるのだ。彼らが互いに会話を交わすでもなく煙をくゆらせる光景は、閉じることによって獲得した自由が一筋縄ではいかない自由であることを物語っている。

配置と合理性

これら困難な状況の原因として、モデルプランが取りこぼしてきた外部空間において、官僚的硬直性と短期的経済性が過剰に繁茂したことが挙げられる。官僚制は、住目的以外の利用を認めない公営住宅法や各住戸条件の平等化を徹底する指導を通じて、当初は曖昧な領域として残されていた余白を管理対象として馴化（純化）していく。一方、施工側が業として希求する経済性は、設計や施工の手間を省くことを意図した機械的配置の繰り返しや共有部分の切りつめという形で管理側の期待に応えていく。機能の純化と配置の単純化という両者によって抽象度の上がった外部空間では、日常行為に対する空間の許容度（冗長性）は減少し、多様なライフスタイルへの対応も限定される。たとえば、冷酷な切りつめによってつくられた寸詰まりな階段室や北側廊下が、そこで展開される近隣との出会いを唐突で居心地の悪いものとし、人々から日常的な挨拶のチャンスを奪っていくように。

こうした事実を突きつけられても恐らく計画側は、合理性を盾にその正当性を譲ることはない。しかし、根元にまで遡って考えると彼らの依拠する合理性は極めて狭量なものに過ぎないことが見えてくる。たとえばジョージ・リッツアはマックス・ウェーバーの理論を発展させ、現代社会を特徴づける合理性を実践合理性、科学合理性、実質合理性、形式合理性の四つに分類したが（リッツア&丸山 2003:103)、これを援用すると先の状況は次のように見ることができる。官僚的な硬直性(形式合理性)と短期的な経済性の追求(実質合理性)が日常生活の慣習的な合理性(実践合理性)を凌駕し、本来それらを調整すべき社会科学の知識(科学合理性)は、十分な蓄積を持てないままに沈黙を余儀なくされる。それによって形式合理性と実質合理性の専制はますます堅固となり、計測可能性が全体を支配する環境ができ上がる。結果、実践合理性の遂行者たる住民は、プライバシーを理由に設けられた隔壁の向こうに閉じこもり、実践的行為それ自体も不確定性を生み出すリスクとして排除されていく。つまり、計画側の言い分は合理性の一局面を必要以上に称揚しているに過ぎないのだ。そして、この狭量な合理性にすがる計画側の姿こそ、現代社会の否定的側面としてセンが描き出した「合理的な愚か者」(セン 1989)に他ならないのである。

こうして見ていくと、画一的核家族像を啓蒙的に押し付けてきた根元は51C型であり、住宅の商品化の起点であるというこれまでの通説[6]とは少し異なった歴史像が見えてくる。DKの発明は確かに51C型でなされているが、それよりもむしろ片廊下型の普及がもたらした内閉的な住戸型がプライバシー概念と結びついて広く受け入れられたこと、狭義の合理性によって周辺の空間を含む全体構成がやせ細らされてしまったことなどに発端がありそうである。プロトタイプとしてのモデルプランが決定的に間違っていたのではなく、固有の場所性に応じてそれらを埋め込む計画上のインターフェイスが欠落していたことが致命的な問題だったのである。

3　ダイヤグラムの作動――捨象される日常生活実践

それでは形式合理性と実質合理性の作動を制限し、外部空間を日常生活の実践の場として回復するにはどのような方策が可能だろうか。また狭義の合理性に過剰適応した平面形の普及はどのように押しとどめることができるだろうか。

写真4-3　県営保田窪団地（1991）（大野繁 提供）

こうした問題意識に立って、モデルプランを媒介とした計画的アプローチの乗り越えが、過去何人かの野心的建築家によって行われてきた。そして、それらのなかでも最もセンセーショナルな試みとして注目を集めたのが「くまもとアートポリス」における建築家山本理顕の仕事であり、その手法を特徴づけているのが「ダイヤグラム」の活用であった。

くまもとアートポリスは、コミッショナーを務める国際的建築家が県内の様々なプロジェクトに優れた建築家を送り込む事業で、環境として地域文化を称揚することを目的に一九八六年、当時の細川護熙熊本県知事によって始められた。そこで、初代コミッショナーの磯崎新が、県営住宅（熊本県営

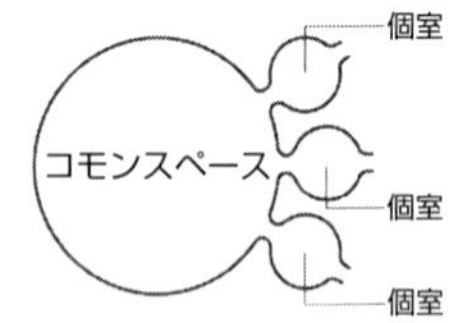

図4-3　岡山の家のためのダイヤグラム（山本理顕設計工場 提供）

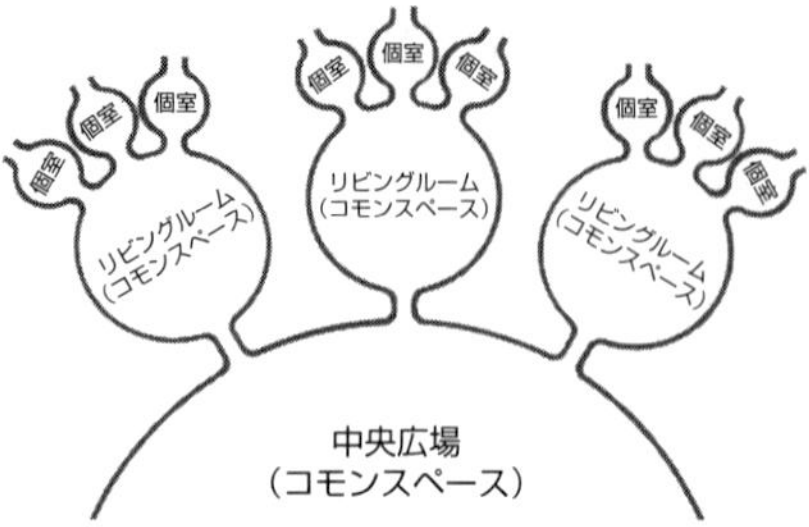

図4-4　保田窪団地のためのダイヤグラム（山本理顕設計工場 提供）

保田窪団地）の計画にあたって、設計者として指名したのが山本理顕だったのである。磯崎は、山本が家族と住宅の関係をダイヤグラムによって考究し（図4−3）、それを応用したユニークな住宅を実現していた所に目をつけたのだ。この集合住宅の計画に際して山本が新たに示したのは、先のモデルを拡張し、コモンをそれらの住戸で囲うダイヤグラムであった（図4−4）。これに従えば、個は外部と家族を選択することができ、家族は個／外と団地コモンの両者を選択できるのである（山本 2004）。また各住戸の平面は、光庭を挟んで、玄関に隣接した個室部とコモン側に開いたリビング部とに明確に区分され（図4−5）、ダイヤグラムを補強する形に仕立てられている。

　関係性の関数であるダイヤグラムは、異なる敷地特性であっても、それを入力としてそれぞれの環境に様々な転換を仕掛けることが可能であり、モデルプランが苦手とした環境への応答についても期待が持てる。こういったダイヤグラムの特徴を最大限活かした山本の設計によって、保田窪団地は従来型の「計画」とは異なった地点に到達し、多くの議論を巻き起こすことになる。

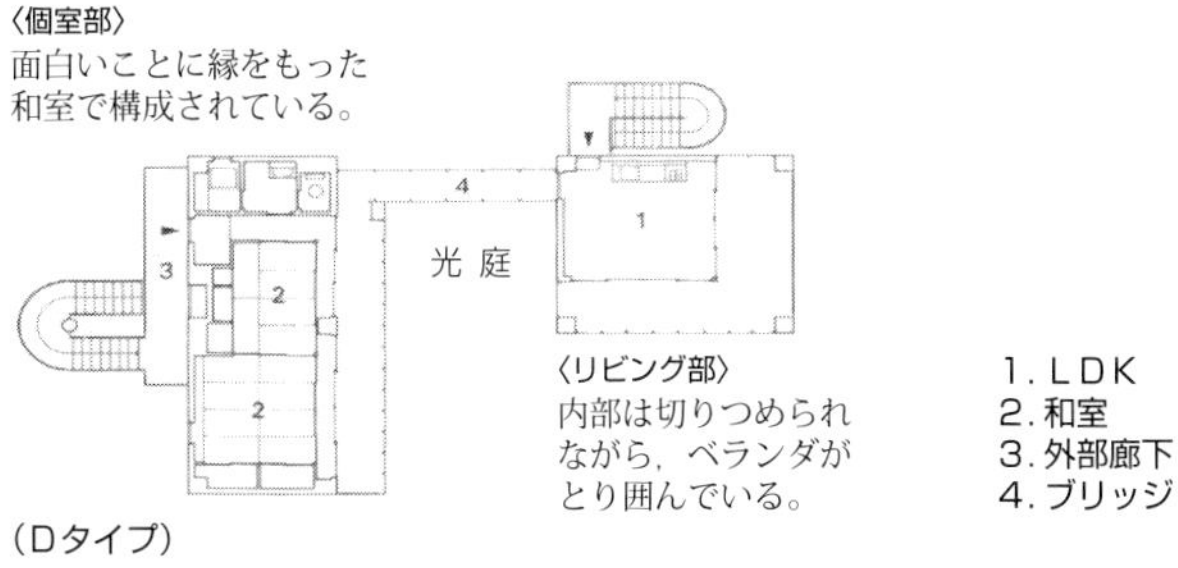

図4−5 保田窪団地住戸ユニット平面（山本理顕設計工場 提供）

ダイヤグラムの暴走と空間帝国主義

一方でこうした、ダイヤグラムは、秀逸ではあっても建築家の視点に基づいた社会観・家族観の表明であり、ダイヤグラムの存在を感知させることが空間にとってのミッションに転倒しうる危険な一面も持ち合わせている。この危うさを鋭く感知し、「空間帝国主義」と揶揄したのが社会学者の上野千鶴子である。建設後の保田窪団地で上野が学生らと行った調査では、コモンスペースとして閉じられた中庭は子どもにとって良好な遊び場であるが年齢階層によってはネガティブな評価も多いこと、定住指向の強い住民の多くは公私に区分された住戸プランの使いこなしに苦労していること、住民を巻き込んだイベントを定着させるのがなかなか難しかったことなどが明らかにされている（東京大学文学部社会学研究室 2000）[8]。実際の居住層は、高齢者世帯など核家族以外の世帯も多かったのだが、典型的家族像（＝核家族）のイメージアイコンであるｎＤＫを仮想敵として極端なダイヤグラムを作動させたため、様々な副作用も生じているようだ。

上野の批判は、空間の提示によって社会を形づくろうと企む建築人に対して、その限定性を改めて示したという点で意義のあるものであったが、いくつかの問題もはらんでいた。建築家に引っ張りだされる形で上野は、その批評の対象を山本の集合住宅から先の51C型にまで拡大し、それらを空間決定論という形で総括しているが、これまで述べたように両者の間にはダイヤグラムとモデルプランといった働きかけの位相の違いがあり、その扱いには注意が必要とされる。またシンポジウムを中心としたオーラルな論争を主軸にしているためか、居住階層や住宅政策などの重要だが時間のかかる問題はどうしても論点に含みにくい嫌いがあった。

さらには社会関係を称揚するようなその立ち位置は、「帝国」を破壊するための挑戦的物言いであることを差し引いても、社会関係と空間とを必要以上に切り離しているようにも聞こえる。ここにルフェーブルやソジャらが指摘する歴史主義による空間軽視の傾向を見出すことは、そう難しいことではない。

しかしいずれにしても、上野が指摘するようにダイヤグラムの作動によって、建築家の思念と住民の日常生活の対比は著しく前景化される結果となっている。イーフー・トゥアンは「空間」が人間によって意味づけされていくことを通じて「場所」となることを述べているが（トゥアン 1988:6）[9]、この定義を借用すれば、先の対立はダイヤグラムの力を借りて思念を「空間」に錬成する建築家の作業と日常生活によって空間を「場所」として意味づけていく住民の実践との摩擦。つまり「空間」と「場所」の相克として見ることもできる。そしてそれは、モデルプランの時に生じたような計画側が想定する住まい方と実際の住まい方の不整合、すなわち「場所」対「場所」の対立関係よりも、より構造的な問題を浮かび上がらせていく。

4 自己生成する都市――相互貫入・転換する空間と場所

ポータブル化される空間

「場所」と「空間」は相互に入り組みながら関係しあうやっかいな課題である。包括的な視野を獲得するためには、まず現代社会において「空間」と「場所」がどのような変化を被っているのかを現場から見ていかなければならない。ここでは最も重要な問題領域のひとつである、都市と自動車との関係から始めていきたい。

自動車の発明は単に移動を自由にしただけではなく、自分の空間をそのまま持ち運ぶ「空間のポータブル化」を普及させたが、自分たちだけの空間を持ち出すことができる社会への変化は、都市構造にもそれを受け入れる雛型としての再編を要求する。速度はもとより連結のスムーズさを重視するこの再編においては、乗り継ぎや混雑といったリスクが生じがちな都心を障害として避ける傾向にある。都心を迂回する環状の道路網が整備され、各幹線路沿いには大きな駐車場を持った商業集積が出現するのである。こうして車というプライベート空間を媒介として、家と施設群とがスムーズに連結可能な都市構造が編成されていく。

自家用車がもたらす「空間のくるまれ」は、Nシステムなどによる監視が徹底された現在では、より不可視の視線にさらされ易い環境でもある（小倉 2003）。しかし車を基点とする都市再編はそういったことは全くおかまいなしに全国で進行し、その傾向は地方都市において、より顕著である。郊外と都市核とをつなぐ公共交通が貧弱なために多くを自動車交通に頼らざるを得ないそれらの地域では、強力なマーケッティング技術によって消費者のニーズを全国規模で喚起するロードサイドショップ群に対抗すること自体、そもそも無謀なミッションであったりもするのだ。

また道路沿いに貼り付けられ、時にはモールとしてまとめられたロードサイドショップ群は、利用者に消費専用の効率化された空間を提供するだけではなく、供給側にも大きなメリットをもたらしている。均質的な敷地は、専門化や効率化を徹底する全国戦略の立案に有利なだけでなく、スクラップ・アンド・ビルドのやりやすさから、時間的リスクに対してもコンシャスである。こうした消費者と供給者両者の利害の一致によってモールの普及は、より一層加速する。

このモール化にいち早く警鐘を鳴らしたのがベンジャミン・ハーバーである。ハーバーは、多様で楽しみに満ちているように見えるモールが、アクセス面で車に乗れない人々を排除するとともに徹底した監視によって、事前に異物を排除する排他的均質空間であることを看破する（齋藤 2005）。モール化の進行は、都市が本来持っていたはずの他者や異物に対する寛容性を減衰させることで、結果として人々を孤立させるが、この孤立させられた個人こそ、マーケッティング・テクノロジーがその生産に躍起になっている「消費者」の格好の素材なのである。地球上で過剰に生み出された文化生産物は、地球のどこかでそれを過剰に消費する「空間」を追い求めるのだが、そうした要求に逐次応えて「空間」を生産していくことが、都市のロードサイド化の実態であり、ある固有性を持つ「場所」はむしろ攪乱要因として周到に遠ざけられていく。

小割りされる空間

都市の駅前にカラオケボックスやマンガ喫茶が集積する姿は今や当たり前の光景だが、それらの内部には細胞（セル）のように小割りされた空間がぎっしりと詰っている。別な言い方をすれば、これらは時間による分節が自由にできるよう前処理された「空間」のストックヤードであり、個人や友人たちをやさしくくるむ「空間」が貨幣との交換で次々と貸し出されていく拠点でもある。公共交通を主軸とする大都市も「空間のくるまれ」の影響から逃れられているわけではなく、こういった自家用車とは違った種類の「くるまれ」の浸食をうけているのだ。

このセルの増殖は実は広範に起こっている。たとえば、一九六〇年代にアメリカのハーマンミラー社が理想のワークスペースとして開発した“Action Office”は、オフィススペースを間仕切りや家具でキューブ状に効率よく分割するシステムだが、ここで高らかに歌い上げられたキューブによる個性と創造性は今や米国オフィスのスタンダードであり、日本でも着実に普及しつつある。さらに学校の模倣から始まった塾ですら最近では、子ども達の机をブース化した“Action Office”ばりの空間による「個別指導スタイル」が宣伝文句になっている。他者の存在を視界から抹消するセル化は、現代都市のあらゆる地点で起こっているのだ。

マンガ喫茶の小割りされたブースは大概、下に隙間があったり上に天井がなかったり、完全に閉じられてはいない。大空間と繋がっていて覗こうと思えば覗けるようになっている。カラオケボックスもドアで仕切られてはいるが、そこには透明な窓がうがたれて視覚的には繋がれている。そして両者ともに回線によってコントロール室につながれ、カメラによる監視が当たり前のように行われる。そこでは実際にプライバシーがあるかどうかが問題ではなく、いかにあるように見えるかが問題であり、先の自動車の車内と同様、見かけ上のプライバシーが提供されているにすぎないのだ。プライバシーを偽装した半透明なセルの増殖によって、目に見える他者は遠ざけられる一方で、不可視の監視は広く浸透する。

蚕食《さんしょく》される空間

空間の存在自体が流動化していることを指摘したマニュエル・カステルは「フロー空間」という概念を提示し、情報・移動の基盤、結節点、支配エリートのネットワークの三層における分断と統合の進行を予言したが（カステル 1999）、皮肉なことに現実空間でのフロー化の波頭は、前節で見たように空間が個々に違う時間を刻めるよう細切れにされていく、分節的な様相を示すのである。さらに悪いことに、この分節化による都市空間の蚕食は、微細なセル群によってのみ展開している訳ではない。より大きなボリュームにおいて、より暴力的に進行しつつあるのだ。次々と建設される分譲集合住宅、マンションによる空間の占有である。

大都市における分譲集合住宅の建設と販売は、土地を基点とする事業のうちで現在もっとも事業性を読みやすい枠組のひとつであり、都市内の開拓可能な空間は、それがどのような場所であるかに関わらず、貪欲に可住空間に変換され、売りさばかれつつある。彼ら事業者にとっては対象敷地の詳細な履歴はさほど重要ではない。広さ、土地にかかる規制、駅までの距離、地価、周辺相場といった、住戸割と値付けを具体的に左右する入力変数こそが重要なのであり、こういった抽象的な変数をもとにプランが決定されていく。そのため、たとえ場所が異なっても変数さえ同じならばほぼ同等のアウトプットが産出されることとなり、同じ会社であれば（同じでなくとも）どのような場所に立っても基本構成は変わらない。そこが如何に歴史的に重要であろうと周辺住民がどんなに景観に愛着を持っていようとも、空間が一様に蚕食されていく様は、現在我々が実際に経験している通りである。

また、分譲マンションは実物を見て購入することが意外に少ない商品でもある。車をシミュレーターとモックアップだけで買う人間はほとんどいないが、より高額な商品であるにもかかわらず分譲マンションではそれが常態となっている。借入金の利息を払い続ける事業者にすれば、一刻も早く売り切ることが必然であり、完成してから売り始めたのではビジネスにならないのだ。我々が実際目にする、実寸模型としてのモデルルームとそれを支援する様々な販促システムは、このような売り手側の理由によって、構築されたものなのである。

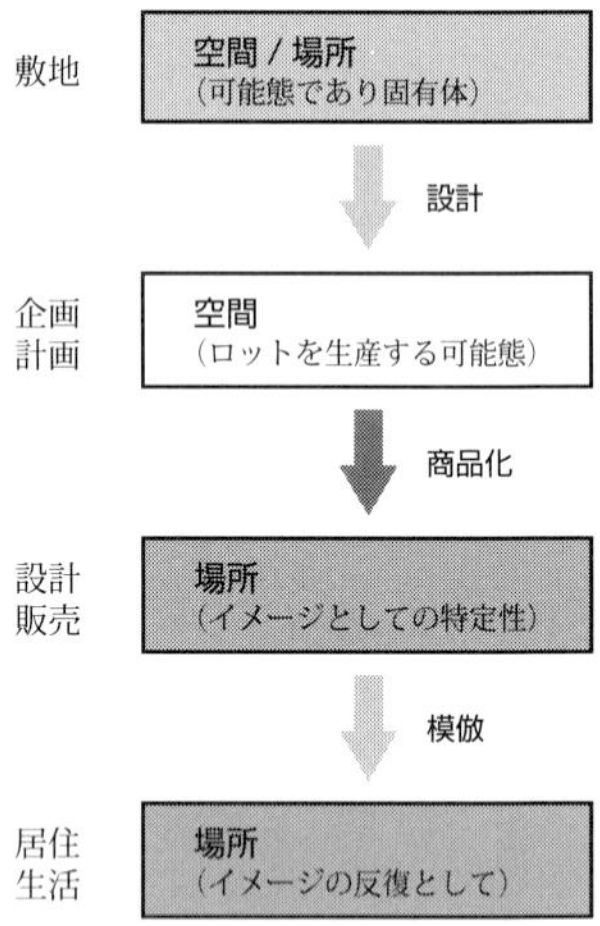

図4-6 マンションのデザインプロセス

これらモデルルームの特性は、まずコンテクストから切り離されていることにある。販売の現場で価値としてコンテクストが表現できないということは、複雑にそれを解く設計には意味を見出し難いということでもある。さらにモデルルームは数バージョンしか作れないために、現実のバリエーションもモデルルームが提供できる想像力の範囲内に押さえられる自己規制が働くことになる。また、こうした同型反復性は、住戸の資産としての性質とも深く関連する。肥大した交換価値はその時点で多数を占める類型にあわせて編成され、詳細な個別化はその管理と販売を担うシステムにとっては負荷としてしか見なされない。こうして、個別の履歴を有する具体的な「場所」は、開発システムが有する同型反復力学のもと、抽象的「空間」の束として処理されていくのである。

しかし面白いことに、続く販売のフェーズにおいては、一転して具体的イメージの提示が求められる。抽象的な「空間」は、あなただけの具体的な「場所」として示されることがなければ、過酷なマーケットを生き残ることができないのだ。ワイン、外車、暖炉といった階級的上昇性をイメージさせるアイコンが様々な販促技術によってちりばめられ、「空間」は事前に「場所」として偽装されていく。こうしたコードでの比較に慣らされている消費者をも共犯者として巻き込んで、このシステムは肥大化し続けていく。[10]

これら一連のプロセスの後、居住者は生活するが、そこでの彼らの生活は事前に与えられたイメージとしての「場所」に実体としての生きられた「場所」を一致させる困難な再生産作業でもある（図4-6）。たとえば多くのマンションは、前述のように片廊下型かその変形バージョンで作られている。そのため、イメージ空間上に示されたワインでもてなされる客人は、現実空間ではまず狭いエレベーターに押し込められ、寝室に挟まれた狭い玄関をくぐり抜けて居間に到達しなければならないのだ。

しかしながらこの矛盾も、新たな設えが付け加えられることによって周到に後景化されている。セキュリティ・ゲート内に飾り立てたロビーやサロンを設置することで、接客行為を表象的に代替する戦略が採用されるのである。日常生活の重要な要素であった交際行為は、お節介にもこうして住居とは切り離されたところに仮設的に設定されていく。

もっともハイクラスのホテルをメタファーとするこれらの空間もサービスコストを住民に転嫁するか、住民が自前で運営するかしないと実は存続させることが難しい仕組みでもある。そのため多くの交際行為は、ファミリーレストランなど、他のシステムから定常的に管理された空間をその都度借り出すことで賄われるのが現実のようである。[11]

5　空間はどのように設計されるか

形の設計から空間の設計へ

こうしたどこでもよい、交換可能という状況こそ、ギデンズが近代の特質として指摘した「脱埋め込み」そのものでもある（ギデンズ 1993）。そして、この脱埋め込みを実空間といかに整合させていくかというテーマは、二〇世紀前半、近代建築の黎明期において建築家たちが取り組んできた課題でもあった。

ミース・ファン・デル・ローエは、ユニバーサルスペースという抽象性の高い建築空間の広がりを提示したが、それは脱埋め込みの回収をその都度場所化が可能な強力な「空間」によって試みたものであったし、近代建築のための五原則（ピロティ、屋上庭園、自由な平面、水平連続窓、自由な立面）を発表して（Corbusier 1965）、建築自身が脱埋め込み状態を獲得する方向を構想したル・コルビジェにおいても、「空間」への指向は明確である。このように形から空間へと創作のフォーカスを移行させることによって、来るべき脱埋め込み社会に対応しようとしたのが初期の近代建築であった。しかし、この秀逸なアプローチも、その理念を近代社会の成熟に合わせて大きく展開することには必ずしも成功していない。実体としてはヴォイドに過ぎない「空間」の操作には、それを充填する媒体をまず探し出さなければならず、そこに問題が潜んでいたのである。

空間充填の媒体としてまず思い当たるのは、人間の行為である。米国の空間研究者エイモス・ラポポートは、空間内での人間の行為をアクティビティ・システムとビヘービア・セッティング、有り体に言えば、展開される行為の順番を示すプログラムによる離合集散と、人間の身体によってその都度生成されていく微視的な関係の両者に区分したが（Rapoport 1977）、これに即して説明すると分かりやすいだろう。アクティビティ・システムへは、機能ごとに用意した空間（部屋）を組み合わせることで対応することが多いが、関係が固定的になるため、脱埋め込みの持つ流動性にどうしても対応しにくいし、方法としても当たり前すぎる。一方、ビヘービア・セッティングは、使い手によって主体的に紡ぎ出される関係性で、先のユニバーサルスペースとも相性がよく、脱埋め込みにも対応可能な開かれを有している。そのため多くの建築家がこの方向性に惹かれ続けてきた。先のコルビジェがノーブル・ブルート（高貴な野人）の姿を念入りに自らのスケッチに書き込んだエピソードは有名であるし、その他にも強靱な運動の軌跡を通じてエーテル[13]を放出する身体を夢想した建築家は多い。理想の身体によって空間にエーテルを充填しようとするわけだ。しかしここには、その成否を使い手の能力に依拠せざるを得ないという根本的問題が横たわっている。当たり前だが、強靱な身体との遭遇などという出来事は極めて稀にしか起こりえず、これを前提に設計を進めるのはあまりにもリスクが大きいのである。

　こうした矛盾に耐えきれず、「空間」創出への指向は早々に破棄されてしまう。形態表現を否定して空間性に向かったはずの近代建築は、ロバート・ヴェンチューリが「ダック（アヒルの土産物を売る土産物店がアヒルの形を真似るのと同じ）」と揶揄したように、形でモダニズムを表現するという方向を自ら選び取ってしまうのである（ヴェンチューリ 1982）。こうして脱埋め込みを建築デザインのなかに取り込もうとした近代建築黎明期のアプローチ。すなわち「空間」それ自体をデザインすることを通した再埋め込みへの試行は、志半ばで頓挫する。

写真4-4 せんだいメディアテーク(2001)
(せんだいメディアテーク提供)

写真4-5 金沢 21 世紀美術館 (2004)
(金沢 21 世紀美術館 提供)

しかし近年のテクノロジーの進歩は、長らく留保されてきたそれらの状況を一変させる。コンピューターによる構造解析技術の進展は空間創造に、より高い自由度を提供し、居住域空調など設備技術の発展は空気質のデリケートな管理を可能とした。ユビキタス化によって情報端末の配置に縛られずに様々なネットワークとリンクが張られる環境も実現されつつある。さらに使い手側も近代化経験の蓄積を通して変化や多様性に対するリテラシーを身につけてくる。

こうした変化を受け、優れた建築家の間に、以前とは異なったやり方で空間性に挑戦しようとする動きが芽生えてくる（五十嵐・小野田ほか 2005）。チューブという視線が通る構造体とフラットな床版で支えられた環境下、壁のない空間が連続するせんだいメディアテーク（設計：伊東豊雄）では、人々の気づき（アウェアネス）による自発的な学びの誘発や決定されたプログラム以外にも活動が展開しうる流動感の醸成など、冗長度の高い空間が実現されている（せんだいメディアテークプロジェクトチーム 2005）。また、抽象的な空間の広がりのなかに大小様々な展示室が散在する金沢21世紀美術館（設計：妹島和世＋西沢立衛／SANAA）は、街中を散策するようなこれまでにない空間体験を通じて、アートと人の出会いを変え、都市内の人の流れを大きく変革している。動線的にはひとつながりでありながら感覚領域では微地形が設定された空間、いわば新しいユニバーサルスペースを通じて再埋め込みが仕掛けられつつある。

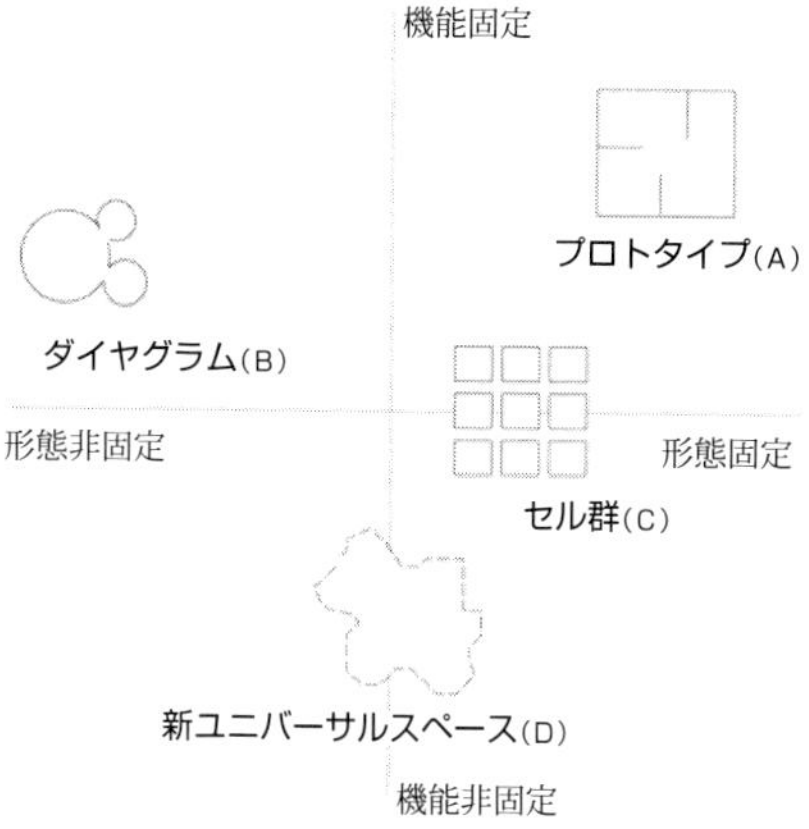

図4-7　機能軸・形態軸による手法の分類

空間デザインの四つのアプローチ（図4-7）

これまで一通り追ってきた空間創出の方向性をここでもう一度整理しておきたい。

（A）モデルプランの生成と一般化

空間創出の一手法としてまずは、規範となる平面形を設定するモデルプランの手法を挙げることができよう。本稿で見た集合住宅のケースでは、モデルプランの守備範囲の外にある外部が抽象空間で占拠され、熟慮されていたはずの内部も狭義の合理性に過剰適応した変異体に取ってかわられるという問題が生じていた。プライバシー保持というイデオロギーと融合したこの変異体は、住戸の閉鎖性を高めることで外部空間を、無関心が充満し場所化を拒む空間としてますます孤立させる。結果として、そこは管理のために監視が動員される格好の空隙となっていく。

（B）ダイヤグラムの作動

コンテクストを取り込むことが可能なダイヤグラムは、モデルプランのように抽象空間に蹂躙される空隙を発生させることはないが、その代わりに建築側の思考と居住側の生活との間に緊張を生み出してしまう。道具としてダイヤグラムを使うことで建築家はデザインの自由を手にするが、住民は時に意図しない空間の使いこなしを要求される。こうした両者の対峙は、先のトゥアン／ベルクによる「空間」と「場所」や、アンリ・ルフェーブルが示した思考の空間（＝空間の表象）と住まわれる空間（＝表象の空間）といった二項関係に重なってこよう。特に後者のルフェーブルがこの対立関係を動的に捉え直すための第三項を提示している点に注目したい（ルフェーブル 2000:82, 623 ほか）。そこでは「空間の表象」と「表象の空間」がそれぞれ「思考される空間」「生きられる空間」と呼ばれるのと対比的に、第三項として示される「空間的実践」は「知覚された空間」と呼ばれている。ここでいう知覚とは一般的に理解されているような感覚器を通じた外部からの刺激の入力を指すものではなく、運動と一体化しつつ状況を空間的に感得する能動的能力と想定することが恐らく妥当であろう。だとすれば、ダイヤグラムを真に作動させる鍵は、優れたデザインにより知覚の全体性を取り戻す方向に残されているのかもしれない。

（C）半透明なセル化

セル化は時間による空間支配が最も貫徹された状況である。ソフトウエアが供給されている間は、誰にも邪魔されず空間の自由を体験することができるセルは、テンポラリーな場所化が可能な、進化した抽象空間としての顔を持っている。しかし、各セルにおいて、場所化を一時的に促進するソフトウエアは、別の見地から見れば文化生産物特有のコードに従って時間消費を一方的に促しているにすぎず、商品として供給されるプライバシーも実際はシステムの視線にさらされた疑似的な存在である。つまりセルは、その表面上の自由とは裏腹に空間の自由が根本的に放棄されている、極めて過酷な場所であると言うこともできる。

（D）新しいユニバーサルスペース

優れた建築家によって創出されつつある空間であり、ひとつながりでありながら微妙に分節される特性を持つ「新しいユニバーサルスペース」は、新しいがゆえに評価がしにくい「空間」でもある。注意深く仕上げられた表面とその分割によって、そこを動く主体の感覚は多様に変化する。空

写真4-6 東雲キャナルコート・山本棟(2003)
(山本理顕設計工場 提供)

間は全面的に閉ざされているわけでもなく、全面的に開かれている訳でもない。視覚的な広がりと錯視の間に不思議なエーテル感が醸成されている地点であり、「空間」であると同時に「場所」であるとも言える。こういった性質は公共的な空間活用の重要な与件であり、新しい公共建築への適用可能性は大きい。[14] しかし出現したばかりのこのアプローチは、四番目の手法として明らかに事分けできているわけではなく、見方によってはダイヤグラムとも共存可能な概念である。また、オリジナルのユニバーサルスペースが抱えていた身体との間の問題が完全に解かれたわけでもなく、同定がいまだ困難であるといえる。

6　ダイヤグラムの深化と空間的実践

四つのアプローチを整理してみると、モデルプランとセルは様々な点で問題が多く指標たりえない。一方で、新しいユニバーサルスペースはいまだ発展途上で評価を定めがたい。よってここではダイヤグラムの深化の方向性に絞って、三つの優れた試みを見ながら考えを巡らせてみたい。

（A）東雲キャナルコートCODAN住宅第一街区

前述の山本の面白いところは、集合住宅のモデルをその後も執拗に追求し、住都公団（現 都市再生機構）の集合住宅「東雲キャナルコート」で、新しい展開に到達した点である（写真4-6）。特徴的なのは、思い切って中廊下とする一方で、透明な玄関扉を介して各住戸を開いて、高密度ながら通常とは異なる距離感を実現した点である。また、仕事や趣味に使える空間が、プラスワンルームやリビングの延長として取り込まれていることに加えて、保育所や商業施設もうまくビルド・インされており、用途面の機能純化も避けられている。

また中廊下型の採用により変異体としてのフロンテージセーブの発生が遠ざけられ、高密度化と玄関扉の透明化によって距離が縮められた共用空間には不思議な空気感（エーテル）が醸成されている。これらによって匿名性の高い極めてユニークなコモンが実現している（写真4-7）。

写真4-7 山本棟・中廊下（「ナカサ アンド パートナーズ」提供）

写真4-8 仙台市営荒井住宅（2004）（阿野太一/FWD INC. 提供）

（B）仙台市営荒井住宅

住む人が共に支え合う「協住」。建築家の阿部仁史と東北大学建築計画研究室が仙台市と共同で計画・設計した荒井住宅は、新しいこのコンセプトを具現化すべく計画された五〇戸の公営住宅である。周囲の戸建て住宅に馴染んだタウンハウスのような三階建ての外観、ブリッジによって連結され選択的経路が確保された住棟群、35～57m²の多様な住戸タイプ、各住戸前にゆったりと設けられたテラスと階ごとの集会室など、団地はこれまでにない様々な空間によって構成されている（写真4-8）。分散された中庭によって小さなスケールに切り取られた空隙が市松状に連結することによってメリハリのある密度感が出現しており、居間側に玄関を持つリビングアクセスによって外に引っ張り出された視線は、この空間全体に漂うエーテルの基《もと》となっている。（写真4-9）。また、このプロジェクトの特徴は並行して進められたワークショップにもある。住民の間にはこれによりコミュニティに対するリテラシーが育まれており、オープンスペースで展開される人々の日常的行為は、これらにより自己組織

写真4-9 荒井住宅3階共用通路（阿野太一/FWD INC. 提供）

化の方向に少しだけ傾いている。[15]

（C） 森山邸

建築家の西澤立衛が東京の下町に作り上げた集合的住居は、また別の深化を目指している。この建築では、オーナー住戸と賃貸用の五棟が同一の敷地のなかで微妙な距離感を持ってばらばらに建てられている。空間的には、向こうの建物が透けて見える大きな開口部、開口部を際だたせている薄いカベ、絶妙なスケールで相互に距離を取ったそれぞれのヴォリュームと、空間は知覚されることを意図して緻密に練り上げられており、その結果、なんとなく互いの存在が確認できる「ゆるい」空気感が実現している。結果、そこで作り出されたエーテルが、周囲の雑多な町並みにも流れ出しているかのように感じられる不思議な環境となっている（写真4-10）。

ダイヤグラムを作動させた三例であるが、どれもその方向性が異なっている。ルフェーブルを援用しながら大まかにまとめると図4-8のように整理できよう。東雲を特徴づけているのは圧倒的な密

写真4－10 森山邸（2006）（西沢立衛建築設計事務所 提供）

度条件を中廊下とＳＯＨＯ的住戸の組み合わせで解こうとしたダイヤグラムにあるのだが、成功の鍵は、住以外の取り込みといった機能面での実践に加えて、透明な玄関扉や注意深くデザインされたサインや表層など、圧倒的な高密度感を逆手に取った知覚要素である。荒井では、多様な集会室の整備を通じた機能の層、ワークショップによる運動の層に加えて、連続する中庭や開かれたテラスなどの知覚の層が、市松状の配置とリビングアクセスから成るダイヤグラムに、バランスを取って関与している。民間借家である森山邸では、完全分散型のダイヤグラムが、薄い壁、不思議なヴォリューム、巨大な開口部など知覚を研ぎ澄ます方向に極端に振れたデザインの裏付けを得て、よりいきいきとした空気感を生み出している。

このように見ていくと「空間の表象」と「表象の空間」をつなぐ実践には、知覚をはじめ、いくつかの層が存在して、ダイヤグラムの機動を助けているようにも思われる。プライバシー＝閉じられという安直な手法が封印していた視線と身体を解き放つことによって、エーテルで空間を充填する知覚の作動に期待することが可能となり、望ましい空気感で空間を満たすことが射程に入ってくるのだ。

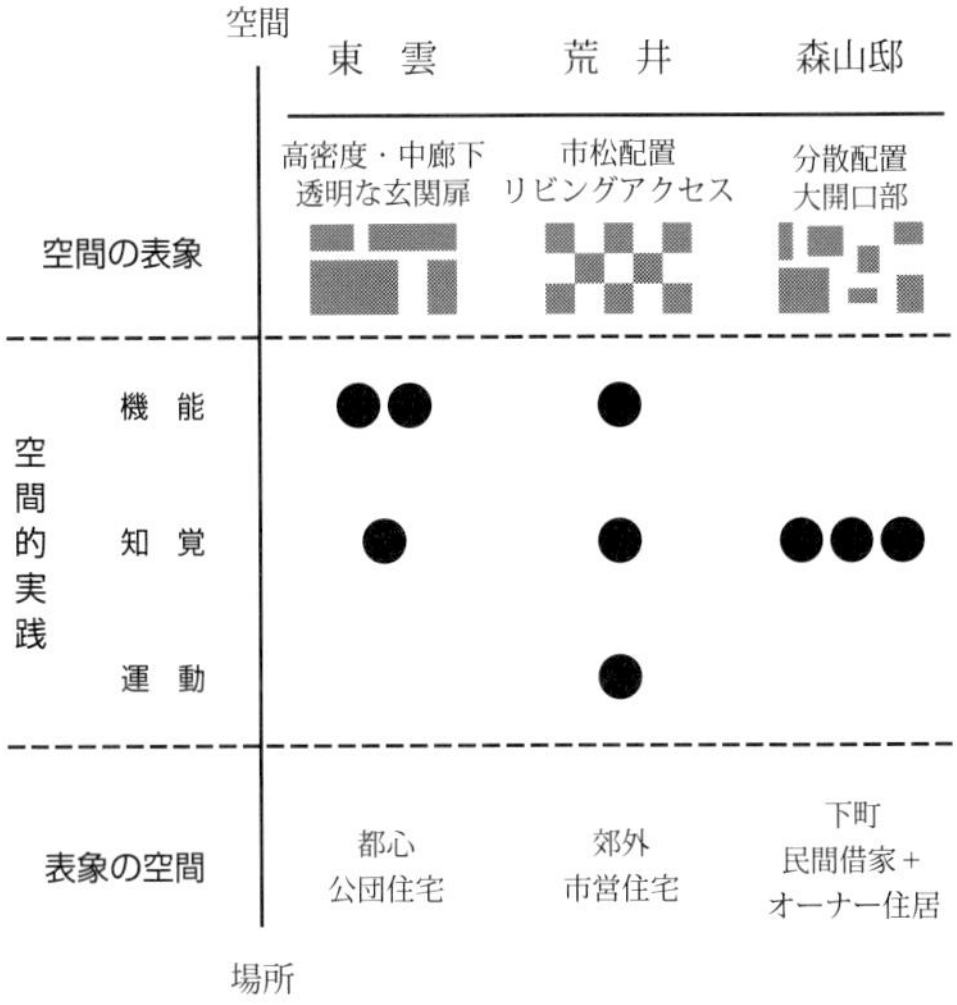

図4-8　ダイヤグラム作動の方向性

ここで取り上げた例のように、何人かの優れた建築家はすでにデザインの方法論をかなりのレベルで熟達させている。彼らによって実現された建築はどれも、知覚を開放する場所として設《しつら》えられ、場所（自分たちのエリア）でありながら空間（何かができる可能態）であることを感知させる空気感（エーテル）に満ちている。エーテルの薄さが引き起こす不安を補うかのように様々なシステムが過剰に駆動する現在の公共空間（監視カメラが繁茂する場所）では、到底到達し得ない多義的な空間がそこにはある。

知覚の自由は、空間の自由の基底として重要な役割を果たしているのであり、知覚を駆使して存在し続ける人間にとって（佐々木 2003）、空間側がその能動的フィールドとして豊かに開かれていることの意味は大きいに違いない。

注

・1　51C型の成立については、布野修司『戦後建築論ノート』（布野 1981）、藤森照信「3DK誕生記」（藤森 1990）、内田青蔵「ダイニングキッチン（DK）誕生前史」（内田 1999）、吉武の追悼資料集（2004）など多くの資料で説明されている。

・2　実際にステンレスの流しが導入されるのは一九五八年の公団住宅からである。また、キッチンを南面化したぐらいでは開放とはならず、かえって主婦の居場所がなく問題があるとの指摘も多い（上野 2002）。

・3　韓国ではエレベーターを組み込んだ高層の階段室型がかなり普及している。日本でも高級集合住宅になるとこの形式が採用されることが多い。

・4　もちろん敷地に制約されるので、単純な板状の北側廊下のものはそう多いわけではない。貴重な南面は小割りされる傾向があるため、民間に出回る敷地は東西に長辺を持つものが多いが、そのため民間の集合住宅（マンション）ではL字に変形されたものがよく見られる。また、最近ではタワー型の高層マンションも増えているが、これも片廊下型をロの字型に組み合わせた平面形状を持っており、片廊下型の一変形と見ることもできる。

・5　法令上、開放廊下等に面した集合住宅の住戸の玄関は防火戸とすることが義務づけられており、そのことが住戸の閉鎖性をより強くしている。

・6　たとえば開発者の鈴木成文は、後述の上野千鶴子、山本理顕らとのシンポジウムで、問題の所在を本論と同様、内部と外部との連携の欠落とする見解を述べ、51Cがスケープゴートにされる状況に反論しているが、こうした通説の前では今ひとつ分が悪いようである（鈴木・上野ほか 2004）。

・7　わが国の公営・公団住宅において、前川国男ら優れた建築家が関わったプロジェクトはなかったわけはない。しかし、それはごく少数の実験的なプロジェクトに留まっており、大多数はそれと全く関係を持たない前例踏襲型のプロジェクトであった。

・8　この他、延藤安弘、横山俊裕など建築計画研究者によっても詳細な調査が展開されている。

・9　この日本語版のあとがきで、オーギュスタン・ベルクはトゥアンの論の特徴を「空間（自由）」と「場所（安全）」、「機能」と「意味」の対峙であると整理している。

・10　どの程度効果があるか分からないが、大型のモデルルームでは、まずそういったアイコンをちりばめた映画まがいのプロモーションフィルムを見せられ、巨大模型を鳥瞰し、そして原寸モデルの中で住み手を演じるといったテーマパークのアトラクションを連想させるような演出が多用される。

・11　分譲型集合住宅による都市空間の蚕食は、こうした内的矛盾に留まらず、景観、歴史、周辺コミュニティといった様々な局面でインパクトを与え続けており、建築界でも近年大きな関心を集めている。

・12　余談だが「水平連続窓」は水平方向に流動する主体の視線が開かれる先であり、外に対しては住居内の行為を表出するディバイスとして、つまり行為と視線に関係するファクターとして捉えることができるように思われる。

・13　空間に充満し光や力を伝える媒質として仮想されていた物体、光の電磁波説以後は電磁波の媒質とされたが、相対性理論により空間自体を媒質とみなせばよいことがわかり、科学的にはその存在が否定されている。しかしこの言葉は、空間に何かが満ちている空気感を表現する言葉としてＳＦや映画などで多用されており、ここでもそうした意味で用いている。

・14　筆者はこのような考え方に立った公共施設を「公共圏創出のプラットフォーム」と位置づけ注目している（小野田 2001）。

・15　この団地では、集会室を活用した託児やお年寄りの見守りなど様々な活動が自発的に展開しており、クリスマス会などのイベントも盛んに行われている。

参考文献

アーリ、ジョン（2003）『場所を消費する』吉原直樹・大澤善信訳、法政大学出版会

今田高俊・金泰昌（編）（2004）『公共哲学13――都市から考える公共性』東京大学出版会
五十嵐太郎・小野田泰明ほか（2005）『オルタナティブ・モダン』ＴＮプローブ
植田実（2004）『集合住宅物語』みすず書房
上野千鶴子（2002）『家族を容れるハコ　家族を超えるハコ』平凡社
内田青蔵（1999）「ダイニングキッチン（ＤＫ）誕生前史」日本生活学会（編）『台所の１００年』ドメス出版
ヴェンチューリ、ロバート（1982）『建築の多様性と対立性』伊東公文訳、鹿島出版会
小野田泰明（2001）「コミュニケーション可能態としての建築へ」『新建築』三月号
――（2002）「ダイヤグラム」小嶋一浩（編）『ヴィジュアル版建築入門5――建築の言語』彰国社
――（2005）「集合住宅ばんざい」『新建築』八月号
小倉利丸（編）（2003）『路上に自由を――監視カメラ徹底批判』インパクト出版会
カステル、マニュエル（1999）『都市・情報・グローバル経済』大澤善信訳、青木書房
岸本幸臣・鈴木晃（編）（1996）『講座現代居住2――家族と住居』東京大学出版会
ギデンズ、アンソニー（1993）『近代とはいかなる時代か――モダニティの帰結』松尾精文・小幡正敏訳、而立書房
黒沢隆（1998）『集合住宅原論の試み』鹿島出版会
小林秀樹（1992）『集住のなわばり学』彰国社
齋藤純一（2005）「都市空間の再編と公共性」植田和弘・神野直彦ほか（編）『岩波講座　都市の再生を考える1――都市とは何か』岩波書店
佐々木正人（2003）『レイアウトの法則』春秋社
佐藤滋（1989）『集合住宅の変遷――東京の公共住宅とまちづくり』鹿島出版会
佐藤和夫（2003）「家族・親密圏・公共性――H・アーレントの公私観の視角から」山口定・佐藤春吉ほか（編）『新しい公共性――そのフロンティア』有斐閣

ジェイコブス、ジェーン（1977）『アメリカ大都市の死と生』黒川紀章訳、鹿島出版会
塩野谷祐一・鈴木興太郎ほか（編）（2004）『福祉の公共哲学』東京大学出版会
鈴木成文（1984）『「いえ」と「まち」』鹿島出版会
鈴木成文・上野千鶴子ほか（2004）『「51C」家族を容れるハコの戦後と現在』平凡社
セン、アマルティア（1989）『合理的な愚か者——経済学=倫理学的探求』大庭健・川本隆史訳、勁草書房
セネット、リチャード（1991）『公共性の喪失』北川克彦・高橋悟訳、晶文社
せんだいメディアテークプロジェクトチーム（2005）『せんだいメディアテークコンセプトブック（増補新版）』NTT出版
ソジャ、W・エドワード（2005）『第三空間』加藤政洋訳、青土社
高橋鷹志（1991）「住居における行動場面に関する研究」『住宅総合研究財団研究年報』（No.18）
橘木俊詔（編）（2004）『リスク社会を生きる』岩波書店
トゥアン、イーフー（1988）『空間の経験』山本浩訳、筑摩書房
東京大学文学部社会学研究室（2000）『住空間とコミュニティ』一九九九年度社会調査実習報告書
メイロウイッツ、ジョシュア（2003）『場所感の喪失　上』安川一・高山啓子ほか訳、新曜社
西川祐子（2001）「『私』の居場所／居方」『思想6——公共圏／親密圏』岩波書店
西山卯三（1975）『日本の住まい（壱）』勁草書房
——（1989）『すまい考現学——現代日本住宅史』彰国社
ニューマン、オスカー（1976）『まもりやすい住空間』湯川利和・湯川聡子訳、鹿島出版会
日本建築学会住宅小委員会（編）（2004）『事例で読む現代集合住宅のデザイン』彰国社
日本建築学会（編）（1989）『集合住宅計画研究史』丸善
ノルベルグ=シュルツ、クリスチャン（1994）『ゲニウス・ロキ』加藤邦男・田崎祐生訳、住まいの図書館出版局
——（1991）『建築の世界——意味と場所』前川道郎・前田忠直訳、鹿島出版会

ハーバー、ベンジャミン（1991）『ジハード対マックワールド――市民社会の夢は終わったのか』鈴木主悦訳、三田出版会

服部岑生（2006）『「間取り」の世界地図――暮らしの知恵としきたり』青春出版社

藤森照信（1990）『昭和住宅物語』新建築社

布野修司（1981）『戦後建築論ノート』相模書房

ボルノウ、オットー・フリードリッヒ（1978）『人間と空間』大塚恵一・池川健司ほか訳、せりか書房

山本理顕（2004）『住宅論』平凡社

――――（編）（2006）『私たちが住みたい都市――身体・プライバシー・住宅・国家』平凡社

吉武泰水追悼委員会（編）（2004）『吉武泰水――建築計画研究拾遺』

吉原直樹（2004）『時間と空間で読む近代の物語』有斐閣

リッツア、ジョージ＆丸山哲央（編）（2003）『マクドナルド化と日本』ミネルヴァ書房

ルフェーブル、アンリ（2000）『空間の生産』斎藤日出治訳、青木書店

レルフ、エドワード（1999）『場所の現象学』高野岳彦・石山美也子ほか訳、筑摩書房

Corbusier, L.（1965）*Le Corbusier* Vol. 1, Oeuvre Complete 1910－1929, Zurich: Les Editions d'Architecture, pp.12-129.

Marcus, C. C. and Francis, C.（1976）*People Places: Design Guidelines for Urban Open Space*, New York : John Wiley and Sons, Inc..

Pevsner, N.（1970）*A History of Building Types*, Princeton: Princeton University Press.

Rapoport, A.（1977）“The Importance and Nature of Environmental Perception”, *Human Aspect of Urban Form*, New York: Pergamon.

※本稿では説明のため「集合住宅ばんざい」（小野田 2005）の記述を一部引用した。

キーワード Ⅱ

1 ゲーティッド・コミュニティ／セキュリティ／ゲットー

城郭によって安全な居住空間を形成する方法は、古代ギリシアにまで遡ることができると言われる。しかし、米国にかぎらずヨーロッパ、アジア諸国にひろく広がっているゲーティッド・コミュニティは、一九世紀英国の田園都市や産業社会の発展とともに二〇世紀初頭に米国で台頭する郊外化の系譜の延長線上にある。郊外化は単に居住範囲が広がることではなく、階層や人種と相関する、社会的格差や社会的分断／分離をともなう空間的広がりである。

エドワード・ブレークリー&ゲイル・スナイダー（2004）は、一九八〇年代以降米国で急増しているゲーティッド・コミュニティを対象に、ゲートの保安の有効性を検証している。その特徴は近隣住区を物理的障壁で囲うという集住の形態だけでなく、コミュニティ空間やコミュニティサービスの私有化、住宅所有者組合（ＨＯＡ：Homeowners Association）による独自の統治システムをもっている。排他性や差別をともなう居住の分離は、異なった人種、文化、階層の人々の相互交流の障壁を生み出すが、ブレークリーらは、障壁が求められる背景にある、個人と社会を橋渡しする家庭の崩壊や社会的紐帯の分裂した深刻な状態を、民主主義の危機として見つめなおす。そしてゲートで閉じることに対し、新たな社会的紐帯を可能にするサステナブル・コミュニティを対置する。

ゲーティッド・コミュニティを都市空間の分断／分離という角度から、ゲットーを生み出す権力関係を指摘しているのが、**マイク・デイヴィス**（2001）や**齋藤純一**（2004）、**ジグムント・バウマン**（Bauman 2001）、**酒井隆史**（2001）、**渋谷望**（2003）らである。コミュニティの内部に向かって最適化をはかることは、他者と相互に交渉するコミュニケーションの契機を後退させ、公共的な空間の切り崩しをもたらす。私的なコミュニティの構築は近代的な私的所有の排他性に立脚しているが、同時に都市空間のなかでゲットーを分節化することでもある。空間のゲットー化は場所の収奪と封じ込めの次元からなされる。それもまさに空間を排他的に占有していくことにほかならない。

セキュリティが重視される空間は、日本社会においても普段は気がつかないようなところにも広範囲につくられている。セキュリティに過敏になる社会は、空間の姿を変えてきている。**五十嵐太郎**（2004）は、建築学の視座から過防備化する都市のさまざまな空間の姿を収集し、日常生活が過防備な空間によって編み直されていることを提示している。たとえば、よそ者や路上で生活する人々を排除しやすくしている公園のベンチのデザインや花壇の意図的な配置など、やさしくない空間がいたるところにある。空間そのものがセキュリティという病にとりつかれた社会の相互不信を表現している。

一九九〇年代以降に社会に登場してきたＩＣＴ（Information & Communication Technology）とともに監視のテクノロジーも高度化している。こうしたテクノロジーが登場する以前に語られていたさまざまな未来社会についての提案や警鐘が、もはや絵空事ではなく、より現実味を帯びてきた。**磯崎新**（2005）は、七〇年にコンセプト・ドローイング「コンピュータ・エイディティッド・シィティ計画」を発表したが、その時に想定されていた未来社会は次のようなものであった。スーパーコンピュータに人間をはじめとしたさまざまなアクターが接続される。その結果、学校や会社、住居、病院などの区別が消失し、近代的な社会制度の枠組みを支えていた所有の境界が崩壊する。そして、都市はあらゆるものが合体したひとつのパッケージ＝受容器へと反転され、その姿は巨大なカプセル（保護膜）によって覆われた「一マイルののっぺらぼう」の形をしている。

ところが、現在その姿は監視社会の現実として映し出される。磯崎は現在と比較して次のように述べる。「巨大な皮膜で都市をおおい、ファサードを消して都市全体をインテリア化するというアイディアは現実味をおびつつあるようにみえる。とくに九・一一以後、あらためてアイコニック都市的構築物に社会的関心が移行をはじめたため、『のっぺらぼう』までがアイコンになる可能性がみえてきた」。ファサードが消えるということは、空間の意味世界や広義の意味でのコミュニケーションの仕掛けが、稀薄になっていくことを意味しているのである。

2 空間と場所

空間（space）とそれに対置される場所（place）との関係が着目される背景には、九〇年代以降のグローバリゼーションのなかで、資本や情報がボーダレスに流動する空間の脱‐配置化（吉見俊哉 2003）がある。このような空間の再編成に対する場所の再考は、七〇年代以降の近代的な空間の均質化やそれを促す機能主義への批判とは位相が異なっている。

近代的空間に対しては、たとえば**イーフー・トゥアン**（1993）が七〇年代に人文主義地理学の立場から人々の生きられる経験が織りなされる場所を、愛着や故郷の感覚、安息などわたしたちの意味世界を現象学的な視点から考察した。また、建築を現実的に構築する建築学からの場所への関心の主なものとして、『人間と空間』（オットー・フリードリヒ・ボルノウ 1978）や、『場所の現象学』（エドワード・レルフ 1999）などが挙げられる。これらは、ハイデッガーが生きることの根本を住まうことに見出そうとした実存哲学や現象学に依拠している。**クリスチャン・ノルベルグ=シュルツ**（1994）は、これらの系譜に連なるひとりであるが、状況的に決定される意味と文化的伝統を一般的に象徴する作用の両者を包括する概念を「場所」として見出し、それを「ゲニウス・ロキ」と定義する。

ところが、現代のグローバリゼーションは、**デイヴィッド・ハーベイ**（1997, 1999）が「時間－空間の圧縮」と呼ぶ空間と場所の再編成をおしすすめる。高度な情報テクノロジーと交通によって、時間が消滅するような形で資本や情報が流動する。それと連動して新たな生産拠点や情報拠点、居住地域などが作りだされ、場所の性格や場所どうしの相対的位置関係も変わる。そして、**ジョン・アーリ**（2003）も同様に論じているように、場所は投資や商品化の対象（再開発、観光、ショップモールの進出など）となり、他の場所に対しては差異を作り出しても、場所内部は均質化するという事態を招く。ここに、空間編成によって引き起こされた場所の表象と、そこに住む人々がいだく表象（生きられた経験）とのせめぎ合いや拮抗が生じる契機がある。

マニュエル・カステル（1999）は、「フローの空間」という概念をとおして社会の情報化とともに生じた新たな空間的秩序を問題にする。現在の電子テクノロジーは、場所に制約されずに人々のコミュニケーション、そして情報、資本のやりとりを可能にする（たとえば、金融市場の、東京、ニューヨーク、ロンドン、香港などの結びつき）。つまり、情報化とグローバリゼーションのなかで、フローの空間が私たちの政治や経済の仕組み、あるいは生活の仕組みを現実的にも象徴的にも統御していくのである。カステルはフローの空間によって再編成される社会をネットワーク社会と呼ぶ。それは、どこかに統御の中心があるのではなく、相互依存的なフレキシビリティを兼ね備えたエコノミーとして作用する。

フローの空間は場所が持っていた固有性を喪失させ、政治的な統治制度（自治）をも弱体化させる。これに対して、ときとしてローカルな空間が生まれ、新たな文化的アイデンティティの主張やコミュニティの再組織化がひとつの抵抗として生じうる。しかし、カステルはそうした動にきは自己閉鎖性や場所の孤立化、断片化が生じる傾向があると述べる。ここで問われるべき課題は、ローカルな新しい統治のしくみや、市民参加型の社会的コミュニケーションの模索だと提起する。

都市空間が大きく変化したとしても、場所の記憶がすべて消えてなくなるわけではない。あるいは、空間の再編成とともに場所には記憶が書き込まれていく。それは、人々の記憶や写真の物語であったり、建築的な遺産が空間のなかに残されていたりする。

ドロレス・ハイデン（2002）は、**アンリ・ルフェーブル（2000）**の空間の生産-再生産論を参照しながら、ランドスケープの手法を用いて、場所に書き込まれているパブリックな記憶の地図を描きだす。ハイデンはハーベイやカステル、デイヴィスが空間を批判的に分析したのと対照的に、人々の生活とともに変化する空間の歴史の痕跡を手がかりに、場所の表象を文化的環境として再構成し、そこから都市や建築の計画、まちづくりへと接続しようとしている。

3 空間の認知／空間のデザイン

空間の中に人間が位置を占めることは、環境をどのように知覚しているかということと密接に関係する。**エドワード・ホール（1970）**は、動物のなわばり行動から出発して、空間と人間の関係をわかりやすく論じたが、尺度を用いて関係性を明解に類型化したホールの論には、実は当時の最新鋭の認知科学の考え方がいち早く取り入れられていた。

この「最新鋭の認知科学」こそ、**ジェームズ・J・ギブソン（1985）**の「生態学的視覚論」であった。ギブソンはそれまでの、感覚器への刺激が神経信号として脳に伝わり、それが環境像を結ぶといった「刺激・反応モデル」を批判し、角膜に写っているのは方位光の配置にすぎず、重要なのはその方位光に基づいた面の肌理や面のエッジの構成が、主体の運動によって刻々と変化することだと説いた。空間の認知は、主体の運動を通じてコンテクストの間に逐次構築されるものなのだ。その論点は日本でも、**佐々木正人（1994）**により、「アフォーダンス」として紹介されている。これはデザインの、特にプロダクトデザインの分野において関心を持たれており（後藤・佐々木ほか 2004）、ユニバーサルデザインの概念とも通底する（ドナルド・ノーマン 1990）。

塚本由晴は、アフォーダンスに着想を受けたデザインを展開する建築家だが、前述の佐々木と塚本の対談からは、行為を観察することと環境を設計することの共通点と相違点がかいま見られる（佐々木 2003）。

しかし、アフォーダンスは説明のための論理で、設計の論理とは異なるという立場を表明する青木淳のような建築家もおり、空間デザインにおけるアフォーダンスの位置づけについては決着がついているわけではない（五十嵐・小野田ほか 2005）。

ホールらの知見を発展させ、日本の集合住宅における環境と人間の関係を考察したのが、**小林秀樹（1992）**の「集住のなわばり学」である。具体的な領域性の解説が、研究成果に基づいて丁寧に述べられているだけでなく、都市における集合住宅のあり方や、環境デザインの方向性が示されるなど示唆に富んでいる。

4 住まいと階層

二〇〇五年のフランス暴動は記憶に新しい。この社会的矛盾や文化的衝突の要因は多様だが、パリ郊外に移民の多くが住まわされている居住の社会的分離の側面は無視できない。**ピエール・ブルデュー（2006）**は、八〇年代以降のフランスの住宅市場や政策の矛盾を、階層社会との関連から論じている。人びとは自らの選択で住宅を選ぶが、持ち家中心の政策と市場に誘導される構造（界 champ）のなかで、選ばされてもいる。この構造は賃貸で住むことの社会的豊かさを失わせる。住まいの貧困化が社会階層、そして分離居住と関連する。

戦後の日本社会においても同様に、住宅は階層構造のもとで供給されてきた。住宅金融公庫（五〇年）、公営住宅法（五一年）、住宅公団（現在の都市再生機構）（五五年）が住宅政策の三本柱とされ、「住宅の五五年体制」が作られた。持ち家中心の政策は、「借家層－持ち家層」に大別される住宅の階層構造を形成する。**西山卯三（1989）**が指摘するように、所得や資産、一戸建か共同住宅か、立地する地域などの要素が加わり、たとえば借家層でも公営と公団、持ち家層でも分譲と一戸建など、階層構造は細分化する。住宅は、所得や地位、ライフスタイル、家族の姿を表象する弁別的記号でもある。

平山洋介（2003）は、経済的バブル崩壊後の一九九〇年代以降、住宅所有のシステムが崩壊しつつあると論じる。住宅価格の下落と住宅余剰によって、大量のキャピタル・ロスを生み出した。その結果、住宅を所有することが資産形成を促し、生活の豊かさを指標し、経済成長を牽引するとされてきた戦後の「神話」が現実的に揺らぐ。この背景には、住宅金融公庫の解体・再編にみられる九〇年代からの住宅市場の規制緩和があるが、平山は九五年の阪神・淡路大震災で神話の虚構性が顕在化したと論じる。

住宅が余剰する一方で、神話の崩壊は住宅階層の下層へのしわ寄せを先鋭化する。**日本住宅会議（2004）**の白書でも報告されているように、社会のナショナル・ミニマムやセーフティ・ネットの役割を担う「公営住宅」の縮小は、ホームレスの著しい増加の主要な要因となっている。

5　都市の中の住まい

都市居住者の生活を生き生きと描きだしたジェーン・ジェイコブス（Jacobs 1961）は、都市生活の根幹が住まいを中心とする生活圏における多様な接触にあることを論じる一方で、都市政策や自動車交通などのそれに対峙するシステムの存在を鋭く描き出した。

こうした都市居住を取り巻く問題については、日本でも西山卯三（1989）が大きな足跡を残している。戦中から戦後にかけてこの問題に一貫して取り組んできた西山は、大邸宅からドヤにいたる調査実践をはじめ、住生活論など幅広いフィールドで活躍した。それらに通底しているのが、静的な平面図として住宅を切り取ることなく、所得階層やライフスタイルを含めた動態として理解しようとした眼差しであった。本書4章で紹介した51C型が適応した「食寝分離」も、もとは当時の厚生省と建築学会が憶測で進めていた「国民住宅」一室化方針に対する反論として、西山らが実地調査の末にまとめた理念であった。

西山が調査を始めた当時、日本の都市はほとんどが借家で構成されており、劣悪な借家環境を改善することが、社会改造の第一歩だった。西川祐子（1998）は都市小説の読解という仕事を通じて、これらの借家でその時代に展開されたであろう、多層的な生活実践を見事に明らかにしている。

藤森照信（1990）によれば、こうした状況が一変したのは、戦後の高度成長期以降である。大都市へのかってないほどの人口流入を体験したこの時期、当座の住まいと、就業意欲を持続しつづけられる動機付けの両者を、人々に用意する必要があったのであり、それを成立させる概念が、住宅の「所有」だったのである。ここに潜む矛盾を鋭く捉えた上田篤（1973）は、人々が郊外庭付き一戸建てに執拗に駆り立てられる状況を「双六」に見立て（次々ページの図を参照）、それに向き合おうとしない当時の住居学に警鐘を鳴らした。

結局上田の懸念は解消されることなく、申し訳程度の「庭」をもつ郊外住宅地が郊外に延々と広がる光景が出現することとなる（八田利也 1961）。そしてこれらの郊外住宅は、住宅購買のイニシアチブを握っていた主婦たちの意欲を掻き立てるために、一九七〇年代後半から過剰に商品化し、擬欧米風の意匠で塗りたくられていく。住宅の生産と流通の問題を自らの創作活動の中に取り込もうとしていた建築家の**石山修武**（1986）は、これらの小住戸群を「ショートケーキ住宅（ハウス）」と呼んで糾弾した。

京大で教鞭を執っていた先の西山に対して、東大の**吉武泰水**や**鈴木成文**（1999）らは、より科学的、実践的な方向に目を向けて、住まい方の矛盾を発見してその構造を明らかにする研究手法を洗練させていく。4章でも示したように、戦後の計画的集合住宅の供給は、彼らの仕事に負うところも大きく、多くの研究者がこの影響を受け、優れた研究蓄積が作り出されていく（日本建築学会 1989）。

しかしながら、実際の住まいの状況は、これら良質な知の予測を超えて複雑化する。

問題の第一の要点は家族にある。先の双六で、住宅の取得を懸命に目指す原動力であり、駆動単位でもあった「核家族」という家族形態のモデルは、様々な要因からその占める割合が大きく退潮することが、**袖井孝子**（2002）、**上野千鶴子**（1994）らによって示されている。多様化した家族は、血縁的結合や同居といった従来型の家族条件を著しく相対化するのである。

次に挙げられるのは、人口動態の変化である。**三宅醇**（1996）は、ライフステージの変化に呼応した安定した住み替えのパターンはすでに過去のものとなり、そのサイクルは居住者の状況ごとにそれぞれに複雑な過程を示すことを指摘している。

三つ目はリスクに対する扱いの変化である。**橘木俊詔**（2004）らによると、経済グローバル化に伴う不確実性の増大は、リスクのマネジメントを個々人に問う自己責任の風潮を生み出し、静的な従来型の計画手法を無力化してしまう。

これらにより先の双六は、とんでもないものへと進化する（小野田・菅原 2006）。そこでは、出発点はバラバラで、そこここに危険な穴が空いており、どこがゴールかすらも明確ではない。

上田篤・久谷政樹／『朝日新聞』1973年1月3日 家庭面 より
人口増で大都市圏に人びとが大量に流入し、住宅不足で画一的な住宅団地が建設されていた時代に、上田篤氏（当時 京都大学助教授）の案を、久谷政樹氏（グラフィックデザイナー）が描いたもの。

〈二〇〇六年版の用語から〉

・コーポラティブハウス
住宅を取得したい人が集まって、共同で土地の購入や住宅の建設に当たる（集合）住宅。

起源は古く一八世紀後半英国に遡るが、日本では一九七〇年代の関西の「都住創」が先駆け。住み手に合わせた設計、良好なコミュニティ、経費節減などがメリット。

出資者がすべてをまかなった初期型から、コーディネートする第三者（会社）主導型に主流は移行。手軽になったため広く普及しつつあるが、その分当事者性が減りマンションと変わらないとの批判も。

・コレクティブハウス
北欧が起源の集合住宅で、共同の居間、食堂、キッチン、洗濯場など、共用空間を積極的に組み込んでいる。

コモンミール（共同の夕食）であることが多く、こうした日常実践を通じて形成されるコミュニティにより、選択的に相互の扶助感

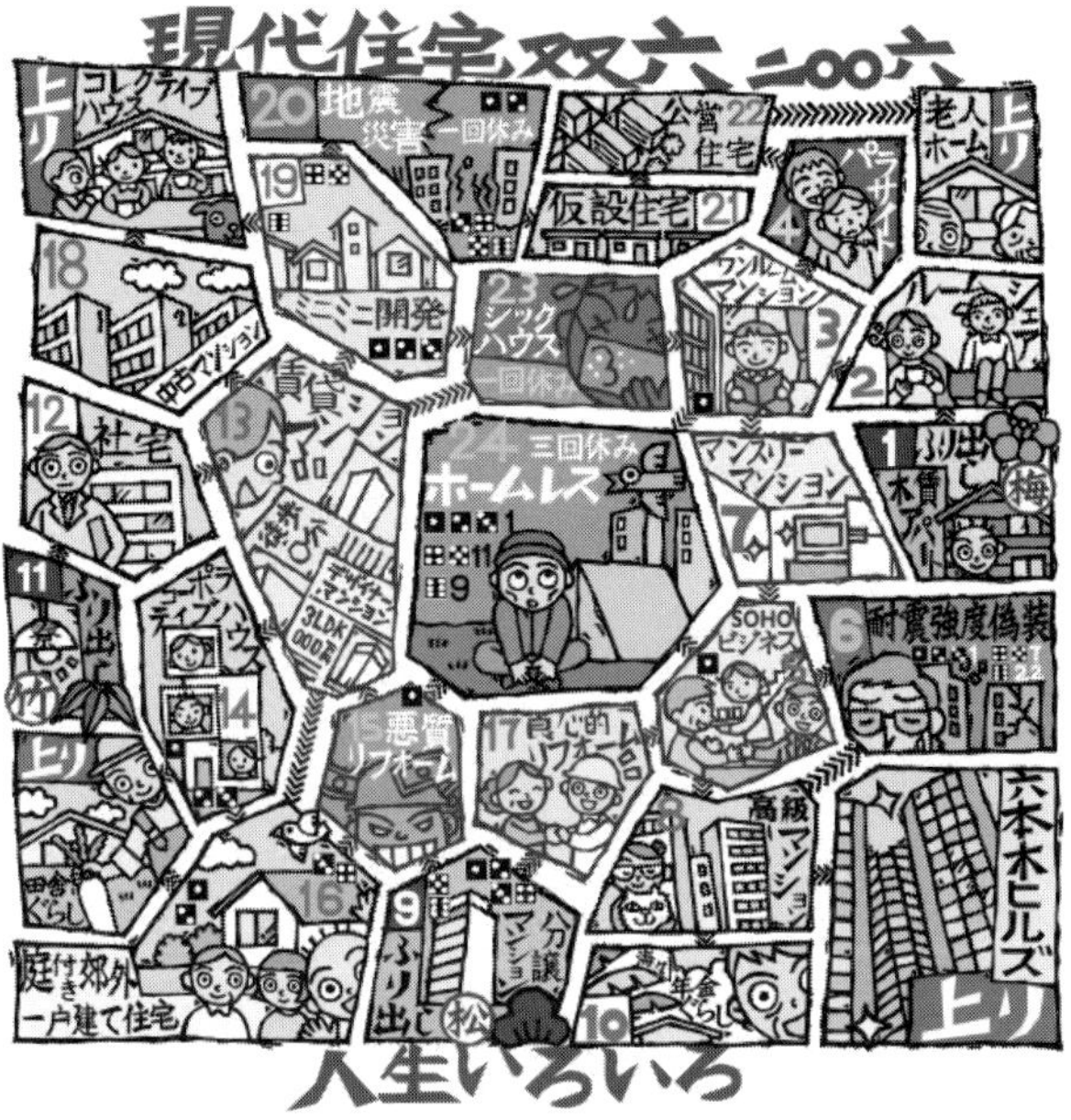

小野田泰明・菅原睦子／『読売ウイークリー』2006年３月12日号 初出
ふり出しから差がついており、あちこちに危険な穴が待ち受けている。ほんらい「上り」となるべき中心は、双六から降りるという意味を含んだ「ホームレス」という大きな空隙で占められている。

が醸成されることで、子どもの養育への協力や高齢期の病気対応などが期待できる。

プライバシーよりも生活の部分的共同化による利点に重きを置くヨーロッパ的合理性に裏打ちされたもので、日本には馴染みにくいとの意見も。阪神震災後の高齢者用住宅や、東京都荒川区の「かんかん森」など、まだ試行段階。

・ホームレス

二〇〇三年現在、全国で約二万五〇〇〇人（厚生労働省調査）いると推定されている。多くが単身男性で平均年齢は五五歳前後。日本の場合、最貧困階級からよりも、失業、家族の崩壊などで吐き出された人々が多いとされている。

二〇〇六年版の双六では、そこここにリスクの穴が口をあけているが、なかでも大きいのがこのホームレスのリスクである。現在の日本は、競争から降りるときに、住む場所も一緒に置いていくことを強いる社会ともいえるが、こうしたあり方には批判も多い。

文献一覧

五十嵐太郎（2004）『過防備都市』中公新書ラクレ

五十嵐太郎・小野田泰明ほか（2005）『オルタナティブ・モダン』TNプローブ

石山修武（1986）『笑う住宅』筑摩書房

磯崎新（2005）『建築家捜し』岩波現代文庫

上野千鶴子（1994）『近代家族の成立と終焉』岩波書店

カステル、マニュエル（1999）『都市・情報・グローバル経済』大澤善信訳、青木書店

ギブソン、ジェイムズ・J（1985）『生態学的視覚論』古崎敬訳、サイエンス社

後藤武・佐々木正人ほか（2004）『デザインの生態学』東京書籍

小林秀樹（1992）『集住のなわばり学』彰国社

酒井隆史（2001）『自由論』青土社

佐々木正人（1994）『アフォーダンス』岩波書店

――（2003）『レイアウトの法則』春秋社

渋谷望（2003）『魂の労働』青土社

鈴木成文（1999）『住まいを読む』建築資料研究社

袖井孝子（2002）『日本の住まい　変わる家族』ミネルヴァ書房

橘木俊詔（編）（2004）『リスク社会を生きる』岩波書店

トゥアン、イーフー（1993）『空間の経験』山本浩訳、ちくま学芸文庫

西川祐子（1998）『借家と持ち家の文学史』三省堂

西山卯三（1989）『すまい考現学』彰国社

日本建築学会（編）（1989）『集合住宅計画研究史』丸善

日本建築学会住宅小委員会（編）（2004）『事例で読む現代集合住宅のデザイン』彰国社

日本住宅会議（編）（2004）『ホームレスと住まいの権利　住宅白書2004－2005』ドメス出版

ノーマン、ドナルド（1990）『誰のためのデザイン？』野島久雄訳、新曜社

ノルベルグ＝シュルツ、クリスチャン（1994）『ゲニウス・ロキ』加藤・田崎訳、住まいの図書館出版局

ハイデン、ドロレス（2002）『場所の力』後藤・篠田ほか訳、学芸出版社

ハーベイ、デイヴィッド（1997）「空間から場所へ、そして場所から空間へ」加藤茂生訳、『10＋1』(11)

――（1999）『ポストモダニティの条件』吉原直樹監訳、青木書店

藤森照信（1990）『昭和住宅物語』新建築社

ブルデュー、ピエール（2006）『住宅市場の社会経済学』山田・渡辺訳、藤原書店

ブレークリー、エドワード＆スナイダー、ゲイル（2004）『ゲーテッド・コミュニティ』集文社

平山洋介（2003）『不完全都市』学芸出版社

ホール、エドワード（1970）『かくれた次元』日高・佐藤訳、みすず書房

三宅醇（1996）「人口・家族の変化と住宅需給」岸本・鈴木（編）『講座現代居住2　家族と住居』東京大学出版会

八田利也（1961）『現代建築愚作論』彰国社

ルフェーブル、アンリ（2000）『空間の生産』齋藤日出治訳、青木書店

Bauman, Zygmunt（2001）*Community: Seeking Safety in an Insecure World*, Polity Press.

Jacobs, Jane (1961) *The Death and Life of Great American Cities*, Random House Inc.

キーワードI・IIの文献（一〇二・二五八ページ）も参照。

パート Ⅲ

メディアの自由と不自由

5章　ネット空間と自由の可能性――繫がりの構造

前田至剛

1　はじめに

インターネットが急速に普及した今日、ネット空間・ネット上の空間といった言葉をしばしば耳にする。もちろんネットに限らずメディアと空間が関係付けられることはそれほど珍しくない。しかし、テレビ空間、電話空間、書物空間、手紙空間といった言葉はいまひとつ耳慣れない。ある特定のメディアと空間が直接繫ぎ合わされて名詞となり、人口に膾炙しているものは他に類を見ないだろう。それにしてもネット空間とは何だろうか？　なぜあえて新しい言葉の組み合わせが必要だったのか？　それは新たな何かが存在する故ではないだろうか。新しい言葉が必要とされる背景には、呼びあらわす対象として新たな空間が存在するはずだ。このことを考えるために、近年インターネットをめぐって起きた事件のうち、規模の大きなものからミクロなものまで人々の耳目を集めたものをいくつか見てみよう。

インターネット上で再び呼びかけられていた反日デモが16日、上海や杭州、天津で始まった。中国当局は沈静化を呼びかけたが、初のデモが行われた上海市内では1万人以上が大通りなどを行進。上海日本総領事館の窓ガラス2枚が投石で割られたほか、日本料理店の看板が壊されるなどの被害が出た。ほかに北京などでも行われるとの情報もある。不安のなかで、中国各地の日本人社会では、同日朝から外出を控えるなど警戒を強めている。（『朝日新聞』二〇〇五年四月一六日付）

これは、二〇〇五年中国各地でおきた反日デモについて日本の新聞が報じた内容の一部である。日本の首相や政府の靖国問題、歴史認識問題、常任理事国入り問題といったアジェンダをめぐって、日本を批判する中国市民がデモをおこなった。これまでも中国では多くのデモがおこなわれてきたが、これまでと違っていたのは、インターネットや携帯電話・携帯端末によってもデモへの参加が呼びかけられていたことである（本稿ではいわゆるコンピュータを使用して接続する他に、携帯端末・携帯電話などで利用されるメール、ショートメッセージなどを含めたメディアの総称を〝ネット〟と記述することにする）。こういった呼びかけも相まって多くの人数が集まることとなる。デモがおこなわれた日や、地域によって様々であるものの、日本企業の看板への落書きや破壊、日本領事館に対する投石行為、商店・飲食店の破壊に至ることもあった。それゆえ、この事件に関しては、日中関係の緊張とも重なり、ネットが暴徒を集めたかのような印象を与え、ネットのネガティブな側面が取り上げられることにもなった。しかし、同じく政治的動きのなかで、ネットが果たした役割がポジティブに語られる事件も起きている。

〝World's first internet president logs on（世界初のインターネット大統領がログオンする）〟。これは二〇〇三年の韓国で誕生した盧武鉉《ノムヒョン》大統領について報じる英国の新聞『ガーディアン』（*The Guardian*）の記事の見出しである。[i] この事件は、ネットで繋がった人々が世論を大きく動かしたというものだった。それゆえこの事件は、反日デモとは異なり、ネットが関わった新たな民主主義のかたちとして肯定的に評価されたのである。中国と韓国、場所も内容も違うが、これらはネット時代の政治的状況に関わるものであるといえよう。しかし、ネットが関わった事件として有名なのは、中国や韓国で起きたような政治的アジェンダをめぐってだけではない。ネット時代の「個」をめぐっても生じている。

二〇〇三年、日本で、一緒に自殺してくれる人をネットで募った男女三名が自殺をした。いわゆる〝ネット自殺〟と呼ばれるこの現象は、その後も何度か起きている。このネット自殺はショッキングなものであり、報道のなかにはネットが自殺を助長しているかのような論調もあった。これらは、ネットのネガティブな側面として語られている。しかし、同じネットが、こういったネット時代の「個」――つまり生き辛さや苦境に立たされた個人――に作用する、ポジティブな側面もおそらくあるだろう。いずれにせよ、ネットをめぐっては近年様々な事件が起き、マクロの政治からミクロな個にいたるまで、新たな何かを含む現象として人々の注目を集めているのである。

ところで、ここで例示したものは、昨今のネット事情を象徴する非常に有名なものであるが、事件が起きた国や地域も違えば、内容も全く違っており、個々バラバラの現象のように見える。しかしそうであるにもかかわらず、もしこれらに共通点があるとしたらどうだろうか。もちろん、「政治運動」とネット自殺などの「個を取り巻く状況」とに共通点がある、と突然告げられても俄《にわか》に首肯しがたいであろう。しかし、ネットの時代においては、これらはすべて、同じ社会的意味をもつものなのである。つまりこれらの事例は、何らかのかたちで人々が繋がるという共通項をもち、それはネットでなければ困難／不可能であったのである。しかもこの繋がりは空間的広がりをもち、空間に作用するものでもある。ここでいう同じ社会的意味とは、ネット空間の意味であり、とりわけそこにおける「自由」を指す。場所も内容も違う一見バラバラな現象であっても、同じようにネット空間によって追求される自由が存在するのだ。

ネット空間とは何か？　そしてそこに存在する自由とは、どのようなものか？　本稿を通じて考えていくことにしよう。

2　不自由な空間におけるネット

冒頭で述べた、個々バラバラに見える現象において追求されている「ネット空間の自由」とは何だろうか。そのことを考えるために、それぞれの現象において、自由が求められる背景、すなわち、どのような不自由がそこにあったのかをまず確認しておこう。

ネット時代の政治と不自由

冒頭で述べたように、韓国の大統領選挙は比較的肯定的に語られ、中国の反日デモを語る言説には恐怖も含まれていた。しかし、双方とも程度の差はあるものの、一定の不自由が背景としてある。中国の場合は「政治的活動における不自由」と言い換えることができる。反日デモとの関係でいえば、中国ではデモに許可が必要なだけでなく、違反した場合の罪も非常に重い。当然こういった活動を、ときに呼び込みときに直接動員の手段ともなるものも、厳しく管理されている。すなわち新聞・テレビをはじめ様々なメディアが、当局の厳しい統制下におかれている。二〇〇五年の反日デモは、後述するように日中の緊張関係のみならず、貧富の格差の拡大に起因する政府に対する不満の捌け口としての側面もあったことから、中国政府はデモがエスカレートする前に統制に乗り出した。たとえばネットをもちいてデモ参加の呼びかけをおこなっていた者が逮捕されるなどした。

このように厳しい統制がおこなわれているのは、中国は共産党が一九四九年に政権を握って以来、一貫して一党独裁体制のもとにあったことに由来する。この体制は、社会主義体制とそこにおける計画経済を国内外の敵から守り抜くためのものである。広大な領土と膨大な人口を、一つの社会制度のもとにまとめ上げるためには、善悪は別にして必然的に厳しい管理体制が必要とされた。たしかに社会が混乱すれば、それはすなわち一般市民の不利益になる。とはいえ、メディアの統制やデモ活動の制限は、政治的活動における不自由につながっている。

他方の韓国において存在していたのは、民主的言論活動における不自由であった。韓国では、ネットが急速に普及する過程で、世界的にも類を見ないネットジャーナリズムが成長しているが、その背景には、既存のジャーナリズムに対する異議申し立てがあった。このネットジャーナリズムの代表格である『オーマイニュース』（*Oh my news*）は、ネットで配信されているのはもちろんのこと、そもそも既存のメディアに対抗することを目指して出発した。こういったネットジャーナリズムが大統領選挙に大きな影響を与えることとなるのだが、『オーマイニュース』創始者の呉連鎬《オヨンホ》は、二〇〇二年の大統領選を次のように振り返っている。「二〇〇二年の大統領選挙は、単に李会昌《イフェチャン》候補と盧武鉉候補の対決ではなかった。オールド・メディアとニュー・メディアの対決だった」（呉 2005:155）と。

呉がこう語るのも、歴史的過程のなかで形成された韓国のジャーナリズムには、ある特徴がそなわっていたからだ。韓国の近現代史を詳細に追う紙幅の余裕はないが、韓国ジャーナリズムは激動の歴史のなかで、時には体制と癒着し、またある時にはそれ自体が世論を操作する権力となることによって、地位を確保してきた。古くは日本による植民地支配の道具として利用され、戦後の軍事政権下では、進歩的な中小の新聞が廃刊され、関係者が処刑されるなか、政府に迎合することで特権的地位を保証されてきた。その後も癒着は継続し、一九八〇年代に入り段階的に民主政治と言論が保障されていくものの、それは市民が文字通り流血によって勝ち取ってきたものだった。

近年のジャーナリズムは、かつてと比べればはるかに民主的な言論を担っている。しかしそれでも、未だ充分なものと韓国市民がみなしうる状態にはないようだ。たとえばネットを中心にして展開された「アンチ朝鮮」運動などがそのことを物語っている。「アンチ朝鮮」の「朝鮮」は、『朝鮮日報』のことで、大手メディアが長きに渡って既得権を握り、民主的言論を封じ込めてきた経緯を批判するものである。さらに近年では民主的言論への要求を受けて政府が大手メディアの不正を正そうとすると、選挙時に政府を露骨に批判した報道をするなど、大手メディア自体が権力と化すこともあった。市民の声を拾い上げるという機能を不十分にしか果たせず、またそれ自体が権力と化した大手メディアは、政府さえも手をつけがたい状況があった。実は、この大手メディアに対して真っ向から対立するのが、ネット発の「アンチ朝鮮」運動やネットジャーナリズムであり、インターネット大統領なのである。インターネット大統領誕生という背景には、このような「言論における不自由」があったのである。

生き辛さを取り巻く不自由

ネットによって自由が追求される背景は、上記のような政治的状況における不自由を前提とする場合もあるが、もっとミクロな「個をめぐる状況での不自由」を背景としていることもある。われわれが本稿で取り組んでいるのは言論の自由ではない。「空間の自由」である。ここでは、政治の世界とは違う、「個」の領域における不自由についても見ておこう。

冒頭では、ネット自殺がネガティブなものとみなされていると述べたが、こういった生き辛さを抱える「個」にとって、ネットがポジティブな効果をもたらす例も存在する。具体的には、心に病を抱える人々がネットを通じて交流をしている例である。実際ネット自殺の志願者には、心に病を抱える人も多い。と同時に注意しなければならないのは、ネット自殺志願者は、すべてが自殺を遂げる人だけではないということである。当初はネットで自殺を志願していたものの、その過程で生き辛さを抱える者同士が、互いに支えあうようになった事例もある。[2] そもそもメディアを賑わせているほど、ネット自殺は多発しているわけではない。こういった支え合いのほうが、圧倒的に数多く発生しているのである。しかしそこにもやはり、ある不自由が存在している。

心に病を持つ人々は、病院などで治療を受けているものの、それだけでは充分と言えない場合が多い。同じ病をもつ者同士交流し、共感し合い、助け合うことを求めており、医学的にも無視できないものとなっている。いわゆるセルフヘルプ（自助活動）である。「精神病者」というスティグマは、それ自体も病を悪化させるほどの恐怖であり、彼女ら・彼らは社会から疎外された状況にある。

また闘病生活が長期化することも多く、自己に対する肯定的な評価を持てず、自己から疎外されてもいる。そのため、同じ病を持つ者同士交流することによって、孤独感を取り除き、互いに支え合うことで自己と他者それぞれを承認し合い、その過程で疎外感を徐々に取り除くことができる。とはいえ、病のことをある程度理解できる人でなければ、心を許して話をすることは難しい。もちろん場合によっては医者も自助グループを紹介することもあるが、ただでさえ心理的ストレスを強く感じる人々にとっては、新しい環境に入っていくこと自体が困難である。また、医者や家族はある程度患者の生活や交友関係について配慮すべきとされている。これはもちろん病が悪化しないよう、回復へと向かうために必要なことではあるものの、患者が自由に交流できる状況にあるとは言いがたいのである。これも、状況は違えど「不自由」には違いない。実は、この不自由に対してもネットは自由をもたらすことができるのである。

このように、マクロな政治的状況における不自由と、ミクロな個の生き辛さを取り巻く不自由は、状況はまったく違うものの、ネットはそれぞれに対してある作用を及ぼすのである。それはどのようにしてだろうか。

3　感情の充填されるネット

ネットでならできる?

韓国の例では、既存のジャーナリズムの限界を超えるためにネットが利用される。民主的言論を抑圧する大手メディアに対抗して誕生したネットジャーナリズムは、ネットで配信されるだけがその特徴ではない。新聞の命である記事の生産過程も非常にユニークである。というのも記事の多くを一般市民が書いており、その数は二〇〇二年の段階で約二万人に及び、編集部は寄せられた記事を吟味し編集するかたちで新聞を発行している。その影響力は創刊以後徐々に増大し、例の大統領選後におこなわれた調査[3]では、三一・四%のジャーナリストが今後最も影響力を持つメディアとしてネットジャーナリズムを評価しているほどだ。その代表格の『オーマイニュース』が新しいのは他にも理由がある。そのサイトには、記事ごとにコメントを投稿できる掲示板が設わり、ニュースと読者の反応が並列されて提示される。これによって従来のメディアでは困難であった、双方向性を実現している。この『オーマイニュース』の試み以降、他の新聞のＷＥＢサイトにも同種の掲示板が波及していったという(玄 2003, 2005)。

　こういった既存のジャーナリズムが、大統領選に影響を与えるほどの力を持つようになる一方で、当のインターネット大統領を直接支えた組織は、出発からしてネットであった。彼を支えた団体の一つ「ノサモ(盧武鉉を愛する人々)」はネットで結成された自発的なファンクラブであった。「ノハウ」、「ノムヒョンラジオ」「ノムヒョン放送局」といった盧武鉉自身のＷＥＢサイトに加え、これら市民自身によるネットの活動が連携を見せた。これらの活動は活発で、対立候補であった李会昌のWEBサイトのアクセスランキングが一〇二二位だったのに対し、盧武鉉のそれは一九二位だった（玄 2005）。

そもそも盧武鉉はネットとの親和性が極めて高かった。この時の選挙戦は二〇〜三〇代が盧武鉉を、五〇歳以上が李会昌を支持するという世代間対立の様相も呈していたが、盧武鉉を支持するいわゆる「二〇三〇世代」と呼ばれる人々は、現代韓国で最もネットを使いこなす技術にすぐれた世代である。と同時に、ネット上の情報に敏感に反応し、「アンチ朝鮮」運動など、既存のメディアに対し不満をもつ者が多い。盧武鉉自身、党内での候補者争いでも「アンチ朝鮮」と「ノサモ」を動員し、他の候補者との差別化を図っていた（朴 2004）[4]。韓国の例では、ネットで可能となった新たなジャーナリズムとネット世代の政治参加が強い影響を持ちえたのである。

では他方の中国の反日デモはどうだろうか。中国の場合、ネットといえども、当局の管理下におかれているのは同じで、様々な検閲がおこなわれている[5]。実際デモの拡大と領事館や商店への被害が現実のものとなったとき、当局は統制に乗り出した。具体的には、インターネット上のコンテンツに対してデモ（示威）などの用語が含まれるページを閲覧不可能にするフィルタリング措置や、デモへの参加を呼びかけていたサイトの閉鎖、北京では公安局から市民の携帯電話にデモに参加しないよう警告する旨のショートメッセージが送られたり[6]、ネットを通じて扇動をおこなっていた者が逮捕された（『産経新聞』二〇〇五年四月二六日付東京朝刊）。しかし、当局がおこなうネット検閲には若干の抜け道があったり、あるいは動員を呼びかけた大量のショートメッセージ送受信は、新聞やテレビのような事前に検閲が可能なメディアに比べ、事前に／直ちに統制しがたい。であるからこそ、既存のメディアではない〝ネット〟が利用されたという側面がある。

たとえば反日デモからさかのぼること一年、次のような事件もおきていた。当時北京大学助教授だった焦国標《ショウコクヒョウ》が書いた「討伐中宣部」という文章が、世界中にネットを通じて流れた。彼は当初この文章を友人にメールで送ったのだが、ある友人が彼に内緒で中国国内のＷＥＢサイトにその文章を掲載してしまった。中宣部（中央宣伝部）とは、中央政治局に属する、各メディア機関を指導し、報道内容に当局にとって好ましくない内容がないか検査し、問題のあるメディアには処分を下す機関である。その機関に対し、こともあろうか北京大学で教鞭をとる者が、中国の発展に害を及ぼしているとして、名指しで（討伐せよと）批判をおこなったのだから大スキャンダルである。実際、「討伐中宣部」は様々な言語に翻訳されて世界中のＷＥＢサイトに掲載された。焦はその後国外に追いやられたものの言論活動を続けている。この事件からもわかるように、いくら高度なフィルタリングがおこなわれていようとも、ネットが監視の目を若干ではあるが逃れやすいメディアであることがわかる。やはり中国の場合も、ネットだからこそ可能な繋がりが形成されていたといえるだろう。

では、選挙やデモといった大規模な／政治に関わるものだけでなく、小規模な／個人の生活世界に関わる例ではどうか。

心の病を抱える人は、当事者同士の交流によって癒される部分があるが、必ずしも容易に繋がれる空間が存在するわけではなかった。それは社会的なスティグマの故《ゆえ》であり、医師や家族が積極的に媒介しなければ当事者同士の交流は難しい。しかしネットでならば匿名であり周りの目を気にすることもなく、最初はメールや掲示板で接触することから心理的圧迫感も少ない。また、良くも悪くも医師や家族のあずかり知らぬところで、検索しさえすればすぐに当事者同士が繋がれる可能性がある。実際筆者がこれまでインタビューをおこなってきた多くの人々は、自分の症状に気付いたとき／医師からの診断を受けた後、ネットを検索し数多くの情報を入手し、そのなかで当事者同士が交流していることを知るにいたっている。それがなければ、自助活動というものがあることすら知らなかった人もいたほどである。しかし一旦ネットを通じて活動しはじめると、その楽しさと得がたさを痛感するにいたる。しかも興味深いのは、すでにネットと無関係の自助グループに参加していたにもかかわらず、ネットでの交流を続けるうちに、次第にその自助グループから離れるようになった人もいたことである。ここでも、ある一定の不自由のもとに、ネットを介した繋がりが形成されていったといえよう。

「距離」を超えたいという激情

韓国、中国、日本の事例では、どれもネットでなければ困難な不特定多数同士のコミュニケーションがおこなわれている。それはある一定の不自由を前提としているので、規模の大小はあっても、個々人が抱く「ネットで繋がる」ことへの動機付けは非常に強い。しかもそれらは共通して「距離」を超えたいという欲望の表れである。

韓国の場合は、大手のメディアが市民の声を取り上げることをせず、人々は互いに分断された状況にあった。そのなかでネットによって繋がれることへの期待は必然的に大きくなる。しかも、インターネット大統領の誕生の背景には、明確な物理的「距離」という障壁もあった。韓国の政治的状況を考える際、既存のジャーナリズムに対する不信に加えて、根強く残る地域主義を忘れるわけにはいかない。韓国社会は軍事政権期に急速な経済発展を遂げたのだが、このとき産業化・工業化のための投資において、政府による地域差別がおこなわれた。政府はそれによって支持基盤を固めてもいたのである。

この地域主義はその後の韓国政治にも深く根を張ることになった。さきほど流血によって民主主義的な政治と言論を勝ち取ったと述べたが、その典型例である光州事件は、民主化を訴える市民が特殊部隊によって虐殺された事件であり、この光州とはまさに、地域主義においては被差別地域であった。盧武鉉は、この地域主義に対しても、真っ向勝負を挑んでいる。彼は民主党であるにもかかわらず、ハンナラ党の強い地域である釜山において国会議員や市長に挑戦するなど、反地域主義の象徴であった。ネットで彼を支えたノサモも、彼が二〇〇〇年に釜山で出馬し、地域主義に阻まれ落選した際に結成されている。

既存のジャーナリズムによる支配と地域主義、二重の距離によって分断された市民らが、大統領選挙という契機によって、互いに繋がることをネットによって希求していったといえよう。この距離を超えたいという願いは、はげしい感情をともなっていたのであろう。それは次のようなことからも分かる。大統領選投票日の直前、それまで盧武鉉を支持していた、あの二〇〇二年ワールドカップ組織委員長の鄭夢準《チョンモンジュン》が急に支持を撤回した。この一件は衝撃的で、『朝鮮日報』は鄭夢準が盧武鉉を捨てたとの見出しで報じていた一方で、盧武鉉支持者は、ネット・携帯を総動員して支持を呼びかける。普段から数時間単位で記事を更新している『オーマイニュース』のサイトは、実に一〇時間で五七万件のアクセスがあり（呉 2005）、掲示板やメール・携帯での支持呼びかけは膨大なものとなったという。その結果、まぎれもない投票によって盧武鉉は勝利するのである。

　他方中国のデモでも、距離を越え繋がり合う情動は激しかった。反日デモはともかくも中日関係の様々なアジェンダが争点となっていることは疑いないが、他方で反政府的、あるいは暴徒と化す可能性もあった。反日デモにおいて、当初デモを正規の手続きを経て開催していた都市部の大学生（彼女・彼らは暴力行為が発生した際、それを止めようとしていた者が多かったという）だったが、そこに農村部などからの若い出稼ぎ労働者が加わって、デモは肥大化していった。主として暴力行為をおこなっていたのはこれら農村出身の人々であったとの指摘もある（高原 2005）。そこには中国国内の経済格差や都市部で差別的境遇におかれている人々の不満の発現があった。もちろん、日中関係に様々な問題があり、それが「反日デモ」というかたちに結実した側面があるのは明らかだ。とはいえ若年層であり、かつ都市部の大学生のようなエリート層以外の者のなかには、これまでの日中間の歴史的経緯についての知識が乏しい者が多く含まれていたのは、すでに多くの論者の指摘すると

表5-1　インターネットにアクセスすると，政治をもっとよく理解できると思うか？（18歳以上のインターネット利用者）

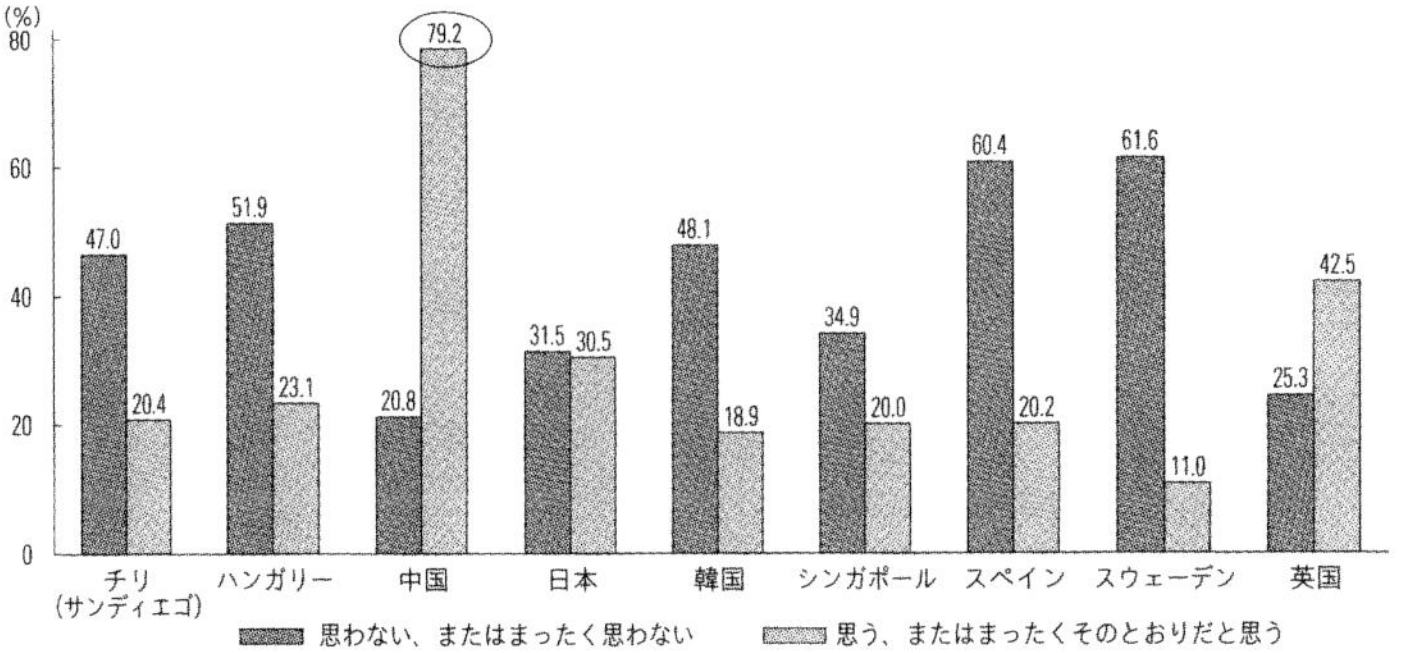

(出所)中国社会科学院社会発展研究センター、UCLA伝播研究センター「全世界インターネットプロジェクト(The World Internet Project)」

表5-2　インターネットにアクセスすると，政府の政策を批判するチャンスが増えたと思うか？（18歳以上のインターネット利用者）

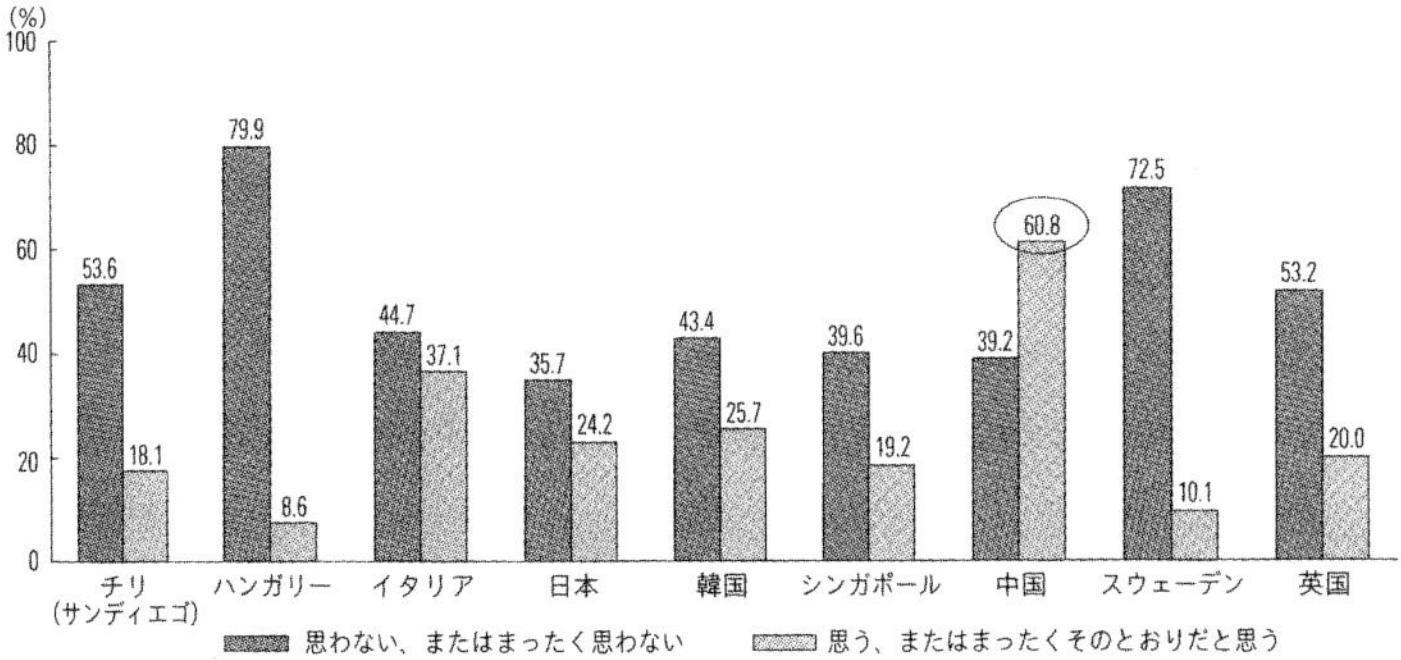

(出所)中国社会科学院社会発展研究センター、UCLA伝播研究センター「全世界インターネットプロジェクト(The World Internet Project)」

※ 表はともに国際社会経済研究所 監修，原田泉・山内康英 編著『ネット社会の自由と安全保障』（ＮＴＴ出版，2005）掲載の論文「中国のネットワーク社会の自由と安全保障」109ページより転載

おりである。したがって、燻り続けていた日中関係という火種に、中国国内の社会的不満も重なった結果と考えられる。反体制を唱えることはできなくとも、反日と愛国であれば当局に処罰されることなく、不満を発散できる場としても、反日デモは機能したと考えられるのである。

その証拠に、中国は国際的にみても、政治を理解するための道具としてインターネットに期待を持つ水準が高い。さらにいえば、ネットにアクセスすることで、政府の政策を批判するチャンスが増えたと思う人も、非常に多い（表5－1、5－2）。焦の「討伐中宣部」がネットを通じて流れ、人々の注目を集めたのも頷ける。やはり、強い感情に突き動かされ、統制が厳しく互いに隔たった人々が、ネットで距離を埋めるべく繋がっていった、といえるだろう。ある者にとっては、反日を訴えるデモとして、ある者にとっては愛国という名のもとに、言葉にならぬ不自由の訴えとして。

ではもっとミクロな生き辛さを抱える個を取り巻く状況ではどうか。彼女・彼らもやはり距離を越え互いの繋がりを希求する感情は強い。筆者がインタビューをおこなった人のなかには、生きていたい、しかし生きていられないほどの辛さのなかで、辛さを理解してくれる同じ悩みを抱える者にネットで助けを求めた人もいる。生きるか、自ら命を絶つかの瀬戸際にあったが、ネットで知り合った者同士の言葉でかろうじて生を繋ぎ止められたという。あるいは、同じ心の病をもつ人と交際していたものの、互いの病状が悪化し家族に引き離されたとき、単なる恋愛以上のものとして存在していた当事者同士の連帯を、ネットでの繋がりのなかで求めた人もいる。多くの人が強い感情に突き動かされ、他者からも自己からも疎外された状況のなかで、当事者同士の距離を埋めるべくネットで繋がっていくのである。その結果、彼女・彼らはネットを越え、実際に会う。このことについてある者は、ネットだけでは限界があると語る。互いの存在や真実を確かめるためだという。実際、生を繋ぎ止めるほどの力を持ちうるのは、ネットで繋がるだけでなく、実際に会った者同士であった。

このように民主的言論、デモ、自助という、まったく違う状況でありながら、それぞれの不自由のもと、距離を埋める手段としてネットで繋がり合っている。さらに、ネットは単なる繋がり以上のものをもたらす。それは、投票やデモという身体活動であり、互いの実在と真実を確かめる face to face の対面である。

4　ネット空間とは何か

コミュニケーションから生まれる地図

このネットのコミュニケーションが強い感情によって繋がりを生み出し、具体的な空間における身体活動となることは、いかなる意味をもつのだろうか。

そもそも空間とは、物理的なもののみによって捉えられるものではない。イーフー・トゥアンは空間が経験されるのは、感情と思考の結果であるという。ここでいう感情とは、ポール・リクールのいう事物、人間、世界の特質を示し、自己の内面がどのような作用を受けているか明らかにする指向的なものである。この指向性は、自己と他者の関係を規定する空間に対する思考を生む。そして感情と思考の連続のなかで空間は経験される（トゥアン 1988）。なるほどネット上のコミュニケーションは、他者と自己の関係、両者が置かれた状況を把握する指向的な感情によって突き動かされている。繋がりがたい距離＝不自由を前提として発生している。トゥアンも指摘するように、距離とはなにも物理的な距離だけでなく、心理的な距離までも含んでいるのだ。このネット上のコミュニケーションが連なり、またそれを見た者が、さらに繋がっていく。その結果、ある空間のなかで身体活動のともなう行為にまでいたる。このとき、ネット上のコミュニケーションの連なりは、空間の地図となっているといえないだろうか。この地図を頼りに、人々は繋がり合い、身体活動をおこなう場所さえ見出しているのではないだろうか。実際、デモにおいても選挙においても、自助においても、ネット上のコミュニケーションが連なり、そこで示された情報をもとに、人々は身体をともなった行為をおこなう。このネットで生まれる地図とは、実は人類史上かつてなかった地図なのである。

空間の表象としてのネット

空間がわれわれの活動の場となるとき、実は何らかのかたちでその空間が表象されたものがあって、はじめて可能となる。われわれは日常的に、ある空間で生活を営んだり、別の空間へ移動したりするのは、どこどこへ行けば誰に会えるとか、どこどこへ行けばどんなサービスを受けられる、などといった想定を暗黙の前提としている。こういった想定は、頭の中だけにあるメンタルマップであることもあるが、視覚化された地図である場合もある。

この空間と表象の関係を最初に論じたのは、アンリ・ルフェーブルである。彼によれば、空間は人々の実践活動と表象の複雑な相互作用を通じてはじめて社会空間足り得るとされる。社会的行為とは、何らかの空間的広がりをもつ「空間的実践」である。またその活動を通じて空間は何らかのかたちで表象される。「空間の表象」は、空間の性質（大きさ、長さ、高さ、幅）に関する記号や、呼び名、地図などのイメージであったりする。空間の表象は、いまだ存在しない空間の設計図にもなり、それに基づき空間の設計がなされることもある。空間の設計とは、ミクロな活動の場から、建物や都市全体、果ては国家的規模の情報やモノの流通の経路にまで及ぶ。ただし、空間の表象は、実践活動そのものではない。社会的行為を規定し制御するための、設計図として機能することもある。場合によっては少数による多数支配をも可能にする。というのも、多くの人々に影響を与える空間の表象は、都市計画家や政治家、マスメディアといった少数の手に握られているからだ。しかしそのなかでも、一方的に押し付けられる空間から、想像力と具体的な実践のなかで、自由を取り戻す契機もある。それが「表象の空間」であるという（ルフェーブル 2000）。

彼が空間に関して、とりわけ表象という視点を導入したことは、ネット時代の空間に多大な示唆を残すことになったといえる（前田 2005）。というのもネット上で起きていることは、不特定多数のコミュニケーションだけでなく、あらゆるコミュニケーションが、感情の発露が、かつてはメンタルマップに過ぎなかったものが、すべて視覚化され、誰からも発見可能な繋がりを示す地図となっているからだ。このようなメディアは人類の歴史上はじめてであろう。しかも、かつては少数の者に握られていた空間の表象を生み出す力を、大多数の人々の手に委ねることになったのである。

実際、選挙でも、デモにおいても、生き辛さをめぐっても、ネットのコミュニケーションには感情が充填され、連鎖が連鎖をよび、繋がりが生成されていった。それをおこなったのは、大手のメディアではなく、市民記者や市民の支援者、中央宣伝部ではなくごく普通の市民、あるいはマイノリティ一人ひとりであった。韓国では、大手のメディアが流す情報が、長きに渡って地域主義や非民主的言論によって市民を分け隔てていた。こういった大手メディアが押し付ける空間の表象に対し、オルタナティブな市民による空間の表象が生まれた。中国の反日デモでは、それが反政府活動あるいは暴徒として拡大する力を見せたとき、徹底的に統制された。その一方で、中央宣伝部の統制をすり抜けて「討伐中宣部」が流れ、世界的な言論活動の地図が生まれもした。生き辛さを抱える人々をめぐっては、医療制度や健常者のまなざしによって会えない状況のなかで、オルタナティブな空間が表象された。

この空間の表象が生まれたからこそ、韓国では既存のジャーナリズムの限界を超え地域主義を超える投票行動が生じ、中国では普段は平穏な街路がデモの空間へと変容し、容易に会えなかったマイノリティが互いの生を支えあう場所を作り出したのである。この新たな空間は、ルフェーブルのいう「表象の空間」と言えるのではないだろうか。すなわち、ある不自由な空間を前提としたからこそ、自由を追求することが可能な新たな空間が可能になったと言えるのではないだろうか。

このように考えると、ネット空間という語が、ネットのなかに空間があるように用いられているならば、正確さを欠いているといえよう。たしかにメディアに媒介されたコミュニケーションを見て、そこに空間があるように思えるかもしれない。しかし、それは視覚化された空間の表象をみているに過ぎない。われわれが真に見ているものは、ネットのコミュニケーションによって繋がった、確固としたわれわれ自身の存在が含まれるもっと大きなもの。表象も物理的環境も、身体をも含む空間なのである。通常の空間と異なっているのは、ネット上で存在を主張するおこないは、情報の伝達であれ、感情の表出であれ、すべてが視覚化されて繋がりを示し、ネットに繋がるすべての人の手に委ねられることによって、これまでにない規模と速度で広がる地図を生むことなのである。これがネット空間の特徴なのである。

5　空間の自由

これまで規模も場所も目的も違う現象について、ネット空間という観点から共通する部分について考えてきた。そこには、ネット空間という、あらゆるものを視覚化し、不特定多数の者が空間の表象を作り出せるという共通性があった。しかし、中国や韓国の例は、団結する自由あるいは言論の自由として置き換え可能と思われるかもしれない。たしかにそのように捉えることもできる。しかし本稿で捉えたいのはあくまで「空間の自由」である。そのことをより明確にしつつむすびとすることにしよう。そのためには、ミクロな例として取り上げた事例が参考になる。

生き辛さを抱える彼女・彼らの例は、たしかに心の病という特殊な状況のものである。しかしさまざまな理由から、空間の自由を、より志向している例でもある。彼女・彼らの活動にはいくつかのタイプがあるが、ネットを媒介にしなければ絶対に不可能なそれは、極めて流動的な活動形態をとっている。彼女・彼らはまず、ネット上で様々な内容についてコミュニケーションをおこなう。悩みの相談、日々の生き辛さの吐露、ときには罵詈雑言まである。ほとんど匿名なままで、リーダーもおらず、グループという何らかの単位も存在しない。匿名であるが故に、言いづらいことも言え、コミュニケーションにも参加しやすい反面、互いの存在は不確かなままである。そのため実際にオフ会という場で会い、互いの存在を確かめ合う必要がある。ただしオフ会の場も固定せず、必要に応じてどこでもおこなう。極端な場合、会うべき空間に、誰がいくのか、それがどこなのか、何をするのか、いつなのかも急遽決まることがある。今日○○あたりで会える人いませんか?と呼びかけ、数時間後にはオフ会が開催されていることさえあるのだ。

オフ会では、深く知り合い、様々なことを相談することもあれば、食事をしたり、雑談をするだけのこともある。あるいは極端な場合、会話すらしないことさえある。ただ来るだけでも、社会復帰の第一歩として意味があると考える人もいる。極めて流動的で、不確かなネットから出発しつつも、オフ会で会うことによって親友と呼び合う仲になることもある。先にも述べたように生き辛さから自ら命を絶とうとしたとき、唯一それを阻止し得たのが、オフ会で会った者同士のみだったということさえあった。ただし、こうやってオフ会で存在を確かめ、親密になったからといって、それだけで終わるわけではない。また、匿名で流動的なネット上のコミュニケーションに帰ることも重視している。それは、社会的スティグマを回避するためでもあるが、ほかにも理由がある。ある人は、その場で会って一から作り上げることの大切さや、それゆえに貴重なものとして互いを感じられることがあるのだと語っている。

彼女・彼らは誰か特定の個人の資質や能力、特定のグループに依存／価値を見出すのではない。ときとして医療やグループの制度は、自由の妨げになるとさえみなされる。また治療行為などなく、場合によってはコミュニケーションさえしなくてもよい。すなわち特定の行為に価値を見出しているのでもない。そして特定の場所が重要なのでもない。彼女・彼らがネットを利用し追求しているのは、「空間そのもの」ではないだろうか。ある特定の制度が重要なのでもなければ、特定の行為をおこなう自由でもない。あるいは、特定の個人と会うことや、その人との関係を見出すこと、つまり繋がり合う自由だけを求めているのでもない。繋がりが無数に作られ、そのなかから空間の地図が生まれ、そこに身体を投げ込むことによって、一から何かを作り出すことのできる、「空間そのもの」が重要なのである。そして、それは自分たちで作り出せるという意味での、空間の自由なしには実現できないのである。そのため、極めて流動的で曖昧であるが、その流動的であること、曖昧であることを担保しつつ、強い感情に突き動かされネット上でコミュニケーションをすることで、それをオフ会の地図と成す。そしてまたネット上のコミュニケーションに戻る。この一連のプロセス＝空間を作り出すプロセスを維持しようとする意思は非常に強いのである。

彼女・彼らがネットから出発しなければならないのは、まぎれもなく、ある不自由が存在するからだが、もちろんそれは、政府が監視しているからでもマスメディアが問題なのでもない。しかし、われわれの社会には、彼女・彼らが容易に会える空間がないのも事実である。韓国や中国での事例は、言論の自由や団結する自由という文脈で捉えられやすいし、それはある観点からすれば正しい。当事者もそのように自らを位置づけ活動しているだろう。そうなるのもこれらの例は、不自由に対して抱く情動を、異議申し立てをすべき制度や他者との関係で、特定の言語に翻訳可能であった。

これに対し、生き辛さを抱える人々の場合は、不自由は存在しているが、不自由の源泉は拡散しており、特定の言語に翻訳可能なものではない。それゆえ、空間そのものを志向した状態が保存されているのであろう。中国や韓国の例に見られる、ネットに充填される情動が特定の文脈に翻訳不可能な状態ならば、そこには空間の自由への希求が浮かび上がるであろう。すなわち言論の自由であれ、社会に対する不満であれ、反日感情であれ、それが現実の集合行為として発展する確かな自信など、当初は持ち得なかったはずだ。ネットのコミュニケーションが空間の設計図となって、活動を展開できる空間が作られなければ、集合行為が現実のものとなり得ない（という不自由があった）からこそ、ネットが用いられたのはすでに見てきたとおりだ。大統領の誕生や、「討伐中宣部」の伝播、数万人の集まるデモといった結果にいたるまでには、たしかに情動がネットに流れこみ、それが空間の表象となり、情動を抱く者自らの力だけで空間を編成するプロセスがある。ネット空間における「空間の自由」が存在するとすれば、このプロセスにこそ存在するのではないだろうか。

注

・1　WEB版はhttp://www.guardian.co.uk/korea/article/0,2763,901445,00.htmlを参照。

・2　たとえば渋井哲也が元ネット自殺志願者におこなったインタビューによれば、当初はネット自殺をおこなおうと思ったものの、一緒に死ぬ人を探す過程で死についてより深く考えるようになったり、互いに支えあうようになった人がいたことが分かっている（渋井 2004）。

・3　メディア批評専門誌『メディアオヌル』が現職のジャーナリスト三〇七名におこなった調査。

・4　象徴的な事として次のようなことがあった。盧武鉉の所属する民主党の大統領候補者選挙で、自らが選ばれることが決定した四月六日、彼は演説の最後をこう締めくくった。「『朝鮮日報』と『東亜日報』は、民主党の候補者選挙から手を引け」。というのも、大手の保守系メディアが彼の義父の「左翼経歴」を攻撃し、彼を追い落とす報道をおこなってきたからだ。この一件を政治評論家の柳時敏は、保守系新聞の支持を受けなければ大統領になれないという、保守系メディアのおごりが打ち砕かれたと評している（呉 2005:110–111）。

・5　「オープン・ネット・イニシアティブ」（"Open Net Initiative"）の調査によれば、世界的にみても非常に巧みなフィルタリングシステムが導入されているという。たとえばチベットの一般的な情報は閲覧可能でも、独立に関する情報は閲覧不可能というように。しかも政府にとって好ましくない情報は、フィルタリングされていることさえ気付かせずに、そもそもそのようなコンテンツが存在しないかのように検閲されている。
　なお、「オープン・ネット・イニシアティブ」とは、オックスフォード大学やケンブリッジ大学などの協力のもと、ネットに対する検閲・監視の問題に取り組む機関のこと。

・6　政府からのショートメッセージはその内容よりもむしろ、携帯端末の一機能といえども政府によって常に把握される可能性があることを印象付けるには充分であっただろう。この点に関しては加藤（2005）を参照。

・7　経済格差や賃金格差に加え、出稼ぎ労働者が都市部で永住しづらい状況さえある。

参考文献・資料

大澤肇（2005）「上海の反日抗議行動」『中国研究月報』五九巻六号、一五－一八頁

加藤晴子（2005）「『愛国』と『反日』のあいだ」『中国研究月報』五九巻六号、一一－一四頁

焦国標（2004）『「中央宣伝部」を討伐せよ！――中国のメディア統制の闇を暴く』坂井臣之助ほか訳、草思社

渋井哲也（2004）『ネット心中』ＮＨＫ出版

庄司昌彦（2005）「韓国」岩崎正洋・田中幹也・河井孝仁（編）『ｅ－デモクラシーシリーズ3――コミュニティ』日本経済評論社

高井潔司（編）（2005）『日中相互理解のための中国ナショナリズムとメディア分析』明石書店

高原基彰（2005）「反日デモ世代が抱える団塊の狂躁とフリーターの不安」『中央公論』一二〇巻七号

陳嬰嬰（2005）「『中日関係論壇』の書き込みにみる日中関係」『中国研究月報』五九巻六号、一九－二一頁

トゥアン、イーフー（1988）『空間の経験――身体から都市へ』山本浩訳、筑摩書房

冨田共和（2003）「『ネット世代』が主導権握った韓国大統領選」『世界週報』八四巻二号（一月二一日号）

玄武岩（2003）「インターネットと韓国大統領選挙――言論権力vsインターネット権力を中心に」『地域研究論集』五巻二号

――――（2005）『韓国のデジタル・デモクラシー』集英社

呉連稿（2005）『オーマイニュースの挑戦――韓国「インターネット新聞」事始め』大畑龍次・大畑正姫訳、太田出版

原田泉・山内康英（2005）『ネット社会の自由と安全保障――サイバーウォーの脅威』NTT出版
朴東鎭（2004）「インターネットと第16代韓国大統領選挙――電子的な公論の場の可能性を中心に」浅羽祐樹訳、『立命館国際地域研究』二二巻
前田至剛（2005）「サイバースペースで甦るアンリ・ルフェーブルの空間論」大野道邦（編）『日仏社会学叢書2』恒星社厚生閣
森路未央（2005）「反日デモ活動――広東省のケース」『中国研究月報』五九巻六号、八－一〇頁
ルフェーブル、アンリ（2000）『空間の生産』斎藤日出治訳、青木書店
『朝日新聞』二〇〇五年四月一六日東京朝刊
『産経新聞』二〇〇五年四月二六日東京朝刊

6章　空間と表象の暴力——自閉する私的空間

田仲康博

1　不安の構図

安全に対する関心が日増しに高まっている。食の安全、住居の安全、街の安全……。市民生活のさまざまな局面において安全が志向され、国家やグローバルなレベルにおいても「危機管理」という言葉が飛び交っている。有形無形のリスクがメディアによって（しばしば増幅されて）伝えられる現代、人々は不安なく生きることを夢見る。しかし皮肉なことに、その欲望はすぐに新たな不安を呼び寄せてしまう。一見、対極に位置するように見える安全と不安が相互に補完しあう構図がそこにある。「人々が不本意にも不安を欲望してしまっている——怖れつつも、不安への嗜癖に陥っている、という光景」（倉持 2005）という描写も現在ではあながち誇張ではないだろう。

さらに、異質なものに対する危機意識が広まるなかで、監視システムの導入や了解不可能な者と

しての〈他者〉の排除も常態化している。酒井隆史が述べるように、

危機管理・緊急状態のポリティクスのメカニズムの機軸にあるのは「抑圧」ではなく「排除」である。それは「正常状態」の達成と維持を、媒介を省略して性急に、そして暴力的に実現しようと試みる。（酒井 2001）

こうした文脈において、政治とメディアの共犯関係を指摘することは、さほど難しいことではないだろう。しかも問題をより複雑にしているのは、それが現在ではあからさまな権力の行使によるものではなく、市民を巻き込み、合意の下に進行していることだ。

他者に投影される不安

「小学生が危ない！」といった類の犯罪報道と、その後決まって繰り返されるパラノイア的対処法（それ自体も私たちは報道で目にすることになるのだが……）は、他者に投影されることで具体的な貌《かお》を持ち始める「不安」の構造を端的に表している。「親密圏の外部に位置する者＝潜在的に危険な者」という安直な図式は、人々の行動に大きな影響を及ぼし始めている。たとえば、最近では通学路という空間すらも他者が徘徊する危険地帯として捉えられ、排除の対象になっている。もちろん、それは物理的な排除を意味するわけではなく、自家用車やスクールバスのような、いわば私的空間

の延長に子どもの移動を託することで実現される。学校関係者や親たちは、ついに子どもたちにとっての〈外部〉を徹底的になくそうと考え始めたようだ。世界をあまねく私的空間に変えることが不可能である以上、その実効性もまた疑わしいのだが、他者を排除した私的な空間を可能な限り拡大することが、ほとんど強迫観念的に求められている。

　監視をめぐるアポリアはここにある。監視する／されることで安全――それは実は「秩序」の別名なのだが――を手に入れようとするメンタリティは、他者に対する不安をあおり、さらに強固な監視装置を要求することになる。安全を求める声それ自体が不安を増大させる悪循環がそこに生まれる。そして、その是非や実効性についての議論がされぬまま、監視をめぐるテクノロジーだけが加速度的に進化していく。それは、商店街や住宅地などにおいて他者に対する許容度が著しく低下していることとも相まって、さらに強力な監視ネットワークへの欲望をあおることになる（『朝日新聞』二〇〇六年一月二七日付朝刊、三八頁）。背景にある産業界や大学の関わりも無視できない。「不審な動きを自動的に検知する行動認証システム」（同一月一六日付夕刊）が開発され、「都市空間での群集の動きから怪しいものだけを自動的に見つけ出す」技術の研究が産学協同で進められている（同一月二一日付夕刊）。その背景に最新の監視技術を求める市民の声があることは否定できないが、技術の発達そのものが監視装置導入への欲望を再生産していることも見落とされてはならないだろう。

　それにしても、「正常な行動」から逸脱するものとはいったい何を指すのだろうか。というよりも、そこで基準となる「正常な行動」とは、そもそもどういうものなのだろうか。そして、最終的にそれを決めるのは誰なのだろうか。そうした問いは、技術的な問題を超えたところで議論されるべきで、監視システムの自動化云々というテクノクラート的な発想では問題の解決にはならないだろう。どんな社会にも、もともと不特定多数の異質な要素（他者）が存在する。他者は、時として不安を与える存在でもあるが、同時にそこから外部へ開かれ、新しい関係性や変容の契機となる可能性を秘めてもいる。したがって、やみくもに他者を排除することは、個人や社会が開かれていく可能性を自ら摘んでいくことにもなりかねない。他者の問題が優れて自己の問題でもあることの理由のひとつがここにある。監視システムが常態化され、監視することや監視されることが習慣となったとき、私たちの身体や社会にはどのような変化が起きているのだろうか。言いかえると、監視カメラの視線に同一化して社会を視る目には、いったいどんな風景が映っているのだろうか。

欲望される身体

そんな疑問に答えるためには、監視による空間の管理が私たちの身体と社会関係に及ぼす影響を考えてみる必要があるだろう。本書のパートⅠで阿部が述べているように、監視される空間は、ある種の行為を促し、場合によっては何もしないことを条件付ける。高圧的な制止ではなく、穏やかな抑制の声。問題は、そこにおいては自由な選択が許されているようでいて、実は選択のパラメーターが予め規定されていることだ。人々はもはや利便性を求めて積極的にある行為を選択するのではなく、それ以外の選択肢が見えない状況下で、提示された行為をいわば消極的に選びとる。

安全・安心を手に入れるために人々は進んで監視カメラに身をさらす……。それなりに分かりやすい説明にはもともと落とし穴がある。そこで求められている「安全」や「安心」の中身と、それらを求めるさまざまな声の社会的（権力的）布置関係を問うことなしには、空間の管理が不可逆的に進行している現状を捉えることはできない。それに、いささか自家撞着的な説明が独り歩きを始めてしまうと、議論そのものが閉じることにもなる。そこにおいて私たちは、「出口なし」の空間に置き去りにされてしまう。しかし問うべきことは、現在のような監視社会には本当に〈外部〉が存在しないのかということだ。議論や実践のための新たな回路をさぐるためにも、安全、安心を求める声、社会意識そのものの変化を考えてみる必要がある。

ここ数年の社会変化を追っていると、興味深いことに気がつく。「不安」が前景化した社会にあって、欲望の対象が〈個〉へ収束する傾向が顕著になってきたことだ。美白、健康、癒しなど、優れて個に属するものに商品価値が与えられ、守られるべきものとして家族が前景化してきた。自らの身体に投資することが自己目的化していることの背景には、欲望を生み出す装置としてのメディアの働きが見逃せない。平井玄は、情報のマーケットによって市場（そして人々）が操作されるようになった九〇年代半ば以降の社会を次のように明快に論じている。「全員が全員に対して何らかの『広告代理店』として振る舞う。そういう中心なき『広告専制社会』が到来しているのである」（平井 2005）。平井が指摘するように、現在ではブログのような個人サイトも商品広告と直結するような仕組がすでにできあがっている。欲望する身体は、同時にまた欲望の対象ともなることを忘れてはならないだろう。

空間の管理が強迫観念的に推し進められていることと、身体が自閉していくこととの間には、何らかの関係がありそうだ。見知らぬ他者への不安がことさら煽られる社会にあっては、異質な者を排除することが至上命令となる。そこにおいて過剰な危機管理意識が独り歩きを始めると、やがて自由が剥奪されることに抵抗を感じなくなる。そして、分断され、他者とつながる術を忘れた身体が、既存の権力装置や資本主義のシステムへ容易に接続されてしまう。多くの人が、安全や安心の代償として空間や身体が干渉されることに、さほど違和感を持っていないように見えることの背景にはこうした変化がある。犯罪防止の側面ばかりが強調されがちな「監視社会化」だが、より根源的な問題は、なし崩しに進行していく空間と身体の管理が、社会のすべての成員に不可逆的な影響を及ぼしていることにある。以下、本稿では、携帯電話の使用と沖縄の表象を例に挙げて、空間や身体の管理がはらむ問題について検証してみよう。

2　漂流する私的空間

メディアが対人相互作用に及ぼす影響を考察するにあたって、たとえばジョシュア・メイロウィッツは、「かつて私たちの社会を多くの別個の空間的な相互作用セッティング〔＝舞台、環境〕に分割していた物理的構造」が、今や社会的意味を失ってしまったことに注目する（メイロウィッツ

2003)。社会的行動の変化を行為主体の側からではなく、マーシャル・マクルーハンやアーヴィング・ゴッフマンの理論に基づいて、社会環境の変化という要因から説き起こそうとする点で、メイロウィッツの議論は示唆に富む。彼が述べるように、電子メディアを介した相互行為は「状況の定義ならびに行動の定義はもはや物理的位置取りによっては決定されない」ことを意味するからだ。

しかし、「電子メディアは、場所の情報的特性を変えることによって、社会的状況と社会的アイデンティティをつくり直す」と述べたとき、メイロウィッツは固定電話やラジオやテレビを念頭においていた。インターネットや携帯電話が普及した現在、状況が大きく変わっていることに注意する必要がある。よりパーソナル化が進んだ今日の電子メディアは、私的領域への浸透度という点で従来のメディアとは比較にならないからだ。試みに、大学生たちにケータイ使用に関する質問をしてみたら、以下のようなことが分かった。[2] 平均的な大学一年生のケータイ歴は約二年半、月々の使用料は約六〇〇〇円、一日の送信回数は電話が五回以下、メールが平均一五回、受信回数についてもほぼ似たような数値が出た。ただ、これは「平均的」ということであって、使用量が月額一万円を超える学生が九%いたし、メールの送信回数が一日一〇〇回を超える学生が五%、受信回数についても一〇〇回を超える者が五%いた。さらに、学生の約七〇%が一〇〇件以上のアドレスを登録していることも分かった。ちなみに登録二〇〇件以上が六%いて、最高値は五〇〇件（一%）だった。調査した二〇〇名あまりの学生のなかでケータイを持たないのは一人だけだった。学生たちのほとんどが、今ではケータイ無しの生活は考えられないと書いている。[3] いつでも、そして相手がどこにいても交信可能なパーソナル・メディアとしてのケータイは、私たちの日常生活にすっかり定着したといえるだろう。

公共空間の変容

かつて吉見俊哉は、電話が「公的な場と私的な場を曖昧に」することを指摘し、若林幹夫は「通話者の間に生み出される〈場〉」を「電話空間」と呼んだ（吉見・若林ほか 1992）。しかし、彼らの本が世に出た年、ケータイはまだ一般的なものではなく、彼らが考察の対象としたのは主としてオフィスや家庭にある固定電話のことだった。一家団欒の場に外から電話がかかってきた場合、それは家庭という親密空間への〈侵入〉として感じられたものだった。それは、他者が親密空間の外部、つまり〈公〉の領域から、内／家にある〈私〉の領域へ電話を媒介して入ってくることから生じる違和感だと言いかえることもできるだろう（佐藤 2003）[4]。

ケータイが生み出す空間においては、固定電話によるコミュニケーションの場合とは明らかに異質なことが起きているのではないだろうか。肌身離さず持ち歩くケータイは、ある意味で使用者が〈私的空間〉を持ち歩くことを可能にする。したがって、「電話空間」の場合は〈公〉から〈私〉へと向かっていたベクトルが、「ケータイ空間」の場合は逆に〈私〉から〈公〉へと向かう[5]。たとえば富田英典は、インターネット接続端子としてのケータイに注目し、「ケータイだけでプライベートな世界を公共空間のなかに成立させることが可能」になったことを指摘する。さらに、「対面的な都市空間に非対面的なメディアを介した親密な関係があふれ出した」として、ケータイによる「リアル空間」と「仮想空間」の接続に都市空間変容のポジティヴな可能性を見出してもいる（富田 2002:49–68）。[6]

公共空間を絶え間なく侵食していく私的空間。しかし、パトリス・フリッシーが述べるように、それが必ずしも「公共空間の消失を意味するわけではない」ことに注意する必要がある。というのも、移動するケータイ空間は、それぞれが独立して存在し、本来公共空間の存在そのものを脅かすものではないからだ。むしろ、「私的空間を携帯する」ことが可能となった現在の状況は、「（個人の微小空間に分裂してしまった）私的空間の肥大化でないことは間違いなく、むしろ再構築された公共空間のなかでの私的空間の漂流である」（フリッシー 2005）。そう考えると、公共の場におけるケータイ使用も理解しやすくなる。マナーやモラルは優れて公共の場に属することだからだ。ケータイで仲間と連絡をとり合う彼女／彼らには、少なくともケータイを使用している間は、おそらく公共の場にいるという感覚が稀薄になっている。[7] それをたんに個人のマナーの問題として矮小化してしまっては、ケータイのようなメディアが社会や身体に及ぼす影響の大きさを理解できない。

ケータイ空間の誘惑

どうやらケータイは、メッセージの伝達手段という本来の機能を超えて私たちに大きな影響を与え始めているのではないだろうか。そのことを強く思わせるのは、前述した調査の折に学生たちが書いた次のような文章に触れるときだ。「持っていないと不安になる」、「あると誰かそばにいるようで安心する」、「メールがこない日はさみしいと思って何回もケータイを見る」、「ケータイがないと交流が少なくなる気がする」、「もっていると一人じゃないと感じるときがある」。これらの文章はいずれも、それが伝えるメッセージの内容とは関係なく、ケータイを持つこと自体が与える安心感／不安（そこでは両者がセットになっている）を言葉にしたものだ。

その点において、不安や安心感を自分の身体になぞらえて表現した学生が多かったことは興味深い。「意味もなく携帯をいじる」自分や、「ケータイのメモリーだけが頼り」である自分に言及した学生が少なくなかった。「すでにケータイが体の一部分のようになっていて持っていないとおちつかない」と書いた学生もいる。さらに、「人々が孤独になって淋しいのかなと思う。ある意味、携帯は機械ではないと思う」と表現した学生がいたが、それは事態の本質をついたものだ。ケータイは、今や彼女／彼らの身体の一部になりすまし、見知らぬ他者が闊歩する公共空間において一種の〈防護壁〉として機能しているのではないだろうか。ケータイを持ってさえいれば、他者のなかで孤立しなくてもすむ。彼女／彼らは、ケータイを介して、そこにいない誰かと常につながっているのだから——。

しかし、使用者に安心感を与える一方で、ケータイはある種の監視装置としても機能している。移動可能な通信手段というその特性から、ケータイによるコミュニケーションはお互いの位置確認から始まることが多い。頻繁に交わされる位置確認の会話やメールは、当然のことながら使用者の痕跡を印していく。さらに、システムにアクセス可能な者にとって、通話記録から使用者の移動パターンを探ることは、それほど難しいことではない。たとえば、基地局に電波を発信することで位置関係を把握する携帯電話の特質ゆえに、その利用者が国家やＮＴＴの通信システムの管理下に置かれる危険性を指摘する声もある（斎藤 2004:66–79）。一見さまざまな自由が約束されているかのようなケータイ空間だが、それには個人単位の空間として分断され、特定されやすいという性質があるために、実は権力の作動を容易にしてもいる。そこにおいては、学校や家庭や会社組織などのような媒介項を飛び越えて、権力が個人を直接ターゲットにすることが可能になる。

外部なき世界?

個人に作動する力は、政治的な力だけではない。あくまでも利便性を追及するケータイは、人々の欲望を先取りし、同時に資本の欲望に奉仕する。たとえば、放送と通信の融合という点で、いま話題になっている「ワンセグ」にしても、場所を選ばずテレビを観ることが可能になる一方で、視聴者がどこにいても商品広告の網に絡め取られることを意味する。個人的な消費嗜好に合わせた情報が、移動するエリアごとに自動的に送られてくるシステムも開発されている。一見便利なように思えるが、しかし、それは裏を返せば個々人の嗜好がデータとしてどこかに集積されていること、そして、およそ主体化とは縁のない受身の身体が生み出される可能性を示唆する。人々が、それぞれの私的空間に囲い込まれ自閉していく社会の姿が、そこに浮かび上がってはこないだろうか。漂流する私的空間は、ある種の自由を約束する一方で、私たちの身体が権力装置や資本主義のシステムへ〈接合〉されることを容易にもする。言いかえると、分断された身体は、自由と抱き合わせになった不自由さを同時に引き受けることになる。

　空間や身体に作動する権力とはいっても、しかし、それは実際にはどういう事態を指すのだろうか。ここでは、リアリティの構築において重要な働きをするメディアについて考えてみよう。というのも、私たちは、「私たちが生きる社会、あるいは世界について知っていることを、マスメディアをとおして知っている」からだ（ルーマン 2005）。それは決して、メディアを通して情報を得るということだけを指すのではない。現実世界を正しく読み解き、それに応じた行動をするためには、読み解くための〈言語〉が必要となる。[9] そして、その〈言語〉は、今やメディアを介して流通する情報やイメージに多くを拠っている。したがって「世界とは、コミュニケートされるもの一切にほかならない」というのも、あながち極論ではないだろう（ボルツ 2002）。もはやメディア空間の外部を想像することすら困難な世界に私たちは生きている。

　しかし、だからと言ってそれが、人はメディア言説によって洗脳されている、という類の単純な話ではないことを理解する必要がある。それとは異なる何かがここでは起きている。ケータイやインターネットなどの通信メディアを介してコミュニケーションを図り、そこで得られる情報によって行動の範囲を決める。それは一方で、マクルーハンが述べたように、私たちの身体が拡張するということでもある。しかし、私たちが今直面していることは、身体が拡張しつつ、しかも同時に内側へめくり返されていくような事態なのではないだろうか。〈私〉の拡張が、自由な身体表現につながらず、むしろその回路が閉ざされるような方向、単に当該の空間にふさわしい身体技法を身につけることに貶められているとしたら、事態はマクルーハンが予測したこととまったく異なった様相を帯びる。そこで起きていることは、空間に与えられる〈意味〉の読み替えとでもいうべき事態なのではないだろうか。

3　監視装置としてのメディア

誰にとってもアクセス可能な空間の存在それ自体が、そこにおいて自動的にインタラクティヴな行為が生じることを保証するわけではない。そこに何らかの共有された意味づけがない限り、空間は公共のものとはならないからだ。「公共圏」は、一義的に物理的な意味での空間を指すのではなく、そこに埋め込まれた〈意味〉をめぐって抗争が起きる〈場〉であると考えることができる。それはつまり、空間をどう使うかという、優れて身体技法にかかわることなのだ。たとえば毛利義孝は、伝統的な公共圏の定義に距離を置き、公／私の区分が歴史的に構築されたものであることに着目する。彼は、「私たち自身が積極的に形成する公共圏」の可能性、さらに「発見され、固定化され、権威を持つやいなやすぐさま消え去ってしまう」ものとして、「複数の公共圏」があることを指摘する（毛利 2003）。伝統的な「公共圏」の概念そのものを解き放つことによって、そこにパフオーマティヴな身体との接合の契機を認める発想は、空間と身体の変容を考える上で極めて重要なものだ。

「地域安全マップ」

身体と空間の接合という局面には、しかし、問題が生じることもある。たとえば、ここ数年、大都市のみならず、地方都市や農村部にまで及んでいる「安全マップ」作りの動きがその一例だろう。それは、沖縄のはるか南の島にまで広がりを見せ始めているのだ。二〇〇四年の夏、通学路や学校周辺の危険な場所を子どもたち自身がチェックして地図に書き入れていく作業が、沖縄各地の小学校で行われたという記事が地元の新聞に掲載された（『沖縄タイムス』二〇〇四年六月一九日付）。紹介されたのは、沖縄島の糸満市や名護市に加えて石垣島の小学校での取り組みで、いずれの学校にも東京の大学生たちが指導者として招かれていたことが興味深い。これまで映画やドラマなどによって純粋無垢な存在として表象されることが多かった沖縄の子どもたち。しかし、その「癒しの島」の子どもたちも、どうやら監視ネットワークの網の目から自由ではいられないらしい。

名護市の場合は、市長が会長を務める「名護地区安全なまちづくり推進協議会」が主催団体のひとつとして挙げられている。米軍基地誘致で揺れる地域で安全な町作りもないものだと皮肉られもしたが、ここで問題にしたいのは、子どもたちを巻き込んだ形で進められる新しい形の監視ネットワークの拡大だ。「監視」という言葉からすぐに連想されるのは、街角の監視カメラや高速道路の

Nシステムなどのようにテクノロジーを駆使した監視だろう。それは、カメラの向こう側でモニターを視る者、つまり私たちの日常生活とは接点を持たない場所にいる〈外部の他者〉による監視を意味する。安全マップ作りの場合はしかし、様相を全く異にする。それは、子どもたちの身体を監視カメラの〈視線〉へ同化させることで、互いに監視し合うシステムを作り上げようとするものだ。危険な場所を察知し、不審な者を見極める能力を育むといえば確かに聞こえはいいだろうが、そこにおいては、潜在的に危険な他者を排除することが至上命令となる。

目に見える塀のようなものを設置するわけではないが、不審者を排除し、閉じられた共同体の空間を作り上げるという点で、それは塀の設置と同じような排除の論理／倫理で成り立っている。お互いに監視しあうシステムの下、監視のまなざしに常時さらされる不快感を少し我慢すれば、安全な生活を送れるというわけだろう。しかし、実際そんなやり方がうまくいくのだろうか。「監視社会」という言葉ではうまく捉えられないような何か、より複雑でグロテスクな、ある種の〈自己管理社会〉がそこに登場しつつあるのではないだろうか。安全を手に入れるために自由を切り売りすることが日常化する。そして、そのことの代償について深く考えることもなく、私たちを取り巻く環境は日々窮屈なものになりつつある。

防犯カメラの設置を求める商店街や住宅地などが増加し、警察とタイアップした防犯パトロールを自治体が組織するなど、今やむしろ住民自らが監視されることを厭わなくなってきた。しかも、さらに重要なことは、より大きな不安の元凶であるはずのもの――たとえば、後述する沖縄の場合は米軍基地、慢性的な不況など——がそれによって隠蔽されていくことだ。安全を志向するメンタリティはもともと、ある〈虚構〉の上に成り立っている。生活環境に不安があるという意識を支えているのは、安全の欠如という感覚であり、それはつまり完全無欠な〈日常〉が存在するという仮定に基づいている。昨日と変わらぬ今日があり、明日も同じような一日が巡ってくるだろうという感覚には、本来あまり根拠はないはずだが、私たちのほとんどはそれを疑うことなく日々を送っている。そして、そんな私たちの日常感覚に一定の根拠を与える役割をメディアが担っている。

メディア共同体

毎日決まった時間に届けられる新聞、チャンネルをひねれば毎日決まった時間帯にニュースが流れるラジオやテレビ。メディアは、身体をある一定の時間の流れに馴致させることで、私たちの日常生活に秩序と規律を与えている。それは報道の〈内容〉というよりも、たとえばテレビの場合なら、毎日同じ時間帯に同じニュース番組を見ることを可能にする番組編成の〈構造〉に因っている。それはある種の安心感、〈繰り返し〉が与える安堵感を人に与えるものだ。「見る」と書いたが、実はちゃんと内容を把握している必要はない。つけっぱなしになったテレビを家庭や食堂などで目にすることがあるが、それはそこで営まれる種々の活動と競合することなく時間の流れを形作り、ある種の〈秩序〉を与える装置として機能している。

番組の構成それ自体も同種の役割を果たしている。たとえば、個々のニュース番組は、それ自体決まったスケジュールに沿って進行していく。大きな事件でも起こらない限り、毎日ほぼ同じ時間帯に流される天気予報やスポーツは、私たちの日々の活動をルーティーン化し、秩序付けていく。出勤前の忙しい時間、テレビはほとんど分刻みで時刻を教えてくれるから時計代わりにもなる。毎朝天気予報を見てから出かけないと気が済まないとか、夜のスポーツニュースを見ないことには一日が終わった気がしないという言葉をよく耳にするが、それは、テレビによって水路づけられた時間の流れと身体の馴致を表わすものだ。

ニュース番組はさらに、視聴者をある空間内に位置づける装置としても機能する。NHKの「おはよう日本」（テレビ）や「列島リレーニュース」（ラジオ）などが好例だが、キー局のニュースの視聴者は、全国どこにいても同じニュースを同じ時間に見聞きすることになる。一定の時間を共有する感覚は、私たちが他の視聴者と同一の空間内（国境の内側）に生きていることを無意識の内に確認させる。さらに、全国ニュースにそれぞれの地域のニュースを織り込む番組構成などは、より分かりやすい形で「地方」から「中央」へと連なる空間の連続性を意識させるものだ。そこにおいてニュースは、地域の多様性を称揚するものであるかのように見えて、しかし実際にはそれが均質空間内の差異に過ぎないことを再確認させる仕掛けになっている。

時間や空間を共有する感覚がゆるやかな共同体意識につながるものであったとしても、そのこと自体には特に問題がないようにも思える。しかし、メディア空間のなかに生まれる〈共同体〉が極めて排他的で暴力的な側面を持つことは、イラクで武装グループの人質となった三人の日本人をめぐる一連の騒動を通して明らかになった。当初、犯人たちの要求に応じて政府に自衛隊撤退を求めていた人質の家族は、テレビカメラの前に引っ張り出されるたびに言葉のトーンを変えていった。その直接の原因が、心無い者たちによる家族への中傷や嫌がらせにあったことは確かだろう。

しかし、誤解を恐れずに言えば、「人質の家族」と名指しされ、拘束された肉親の行為を公の場で詫びることを余儀なくされた家族の人たちもまた、ある意味でメディアと視聴者の「人質」になっていたのではないだろうか。家族が、その一員の行為をわざわざカメラの前で詫び、救出への協力を繰り返し呼びかけた「皆さん」という名の〈国民〉の集合体。そこには、カメラの前に「人質の家族」を引っ張り出し、陳謝することを強いた均質な集団の無言の暴力があった。たとえ現場の記者やカメラマンにその意図がなくても、メディアは、人々に「正しい」行為を強いる、ある種の監視装置として機能してしまう。人質事件が示したように、この種のメディア言説を無批判に受容する限り、テレビを視る私たちもまた監視する側の位置に立つことになるだろう。

イメージのなかの沖縄

空間における身体の可能性（と不可能性）を考察するためには、空間の成り立ちそのものに作用する不可視の力を検証する必要がある。ここでは沖縄を例にとって、空間の編制に作動する権力の問題を考えてみよう。メディアは、単純に現実を反映しているのではなく、むしろ積極的に現実を作り上げてもいる。それは、しばしば人々の言説や社会的意識を日常のレベルで編制する〈装置〉

として機能する。表象をめぐるせめぎ合いが起きる〈場〉としてメディア空間をとらえることで、「沖縄らしさ」が再生産されていることの意味を考えてみる必要があるだろう。

そういった文脈で考えると、九〇年代以降、頻繁にメディアに登場する「沖縄」の表象が興味深い。沖縄文化を外に向けて発信することの意義が、日本政府や県当局によって繰り返し喧伝されてきたが、そこにおいてはことさら「沖縄らしさ」が強調されていた。そして、それに呼応するかのように、「沖縄」はさまざまな形で商品化もされてきた。沖縄に移住した中年男性を演じる俳優に「もう東京は卒業した」と語らせるビールのコマーシャルなどはその典型だろう。しかし他方、沖縄文化がブームになっていることと、沖縄が抱えてきた問題、とくに基地問題が据え置かれていることとの間に、ある構造的な問題が隠されていることが指摘されている。

具体的な例をあげて、考えてみることにしよう。二〇〇一年九月一一日、崩れ落ちていく世界貿易センターの映像を見た数多くの沖縄の人々が、そこから「戦争」を想起した。地上戦の記憶が今なお生きている島において、テロ攻撃を想定して慌しさを増す米軍基地の動きから、新たな戦争の可能性を直接肌で感じ取った人々がいたことを示すものだ。実際にあの夜、島内すべての米軍基地には最高レベルの厳戒態勢を表す「コンディション・デルタ」が適用され、沖縄島はまたたく間に有事の空間へと変わっていった。米軍機の発着回数が増え、基地内外の警備が空や海も含めて強化された。重装備のアメリカ兵のみならず、県外からも動員された日本の警察官が基地警備に加わることで、緊張度はさらに高まっていった。

写真6-1 2004年8月13日，米軍ヘリが墜落し，炎上する沖縄国際大学の本館ビル（ケータイによる撮影：渡久地俊一）

図6-1 沖縄島の略図（日本国内にある米軍基地・施設の約75%が沖縄に集中。沖縄島の面積の約20%は基地等が占める）（図の■は陸上基地，□は海上訓練水域）

米軍基地が集中する沖縄へのテロ攻撃を怖れて、沖縄への旅行を断念する人が増えたことから、事態は思わぬ方向に進んでいった。事件・事故が絶えない米軍基地の危険性は常々言われてきたことだ。したがって、沖縄旅行キャンセルのニュースによって、観光沖縄のイメージの虚構性が明らかになったことは、むしろ当然の成り行きだったはずだ。しかし、高まりを見せていた住民の不安は、ほどなく官民挙げての観光客誘致キャンペーン「だいじょうぶさぁ～沖縄」にかき消されてしまうことになる。キャンペーンは、沖縄の危険性を「風評」と切り捨て、観光沖縄のイメージを最大限に動員することで、「九・一一」によって島の〈日常〉に生じた裂け目を「ふだん通りの沖縄」という表象で埋めるものだった。裂け目の向こうに透かし見えたものこそが実はアクチュアルな世界の姿で、グローバルな権力構造のなかに沖縄が置かれていることを示すものだったはずだ。しかし、島の風物や文化を強調する写真や映像が多用されたキャンペーンの言説は、「南海の楽園」イメージを再生産することで事態の収拾に努め始めた。

誘致キャンペーンが続くうちに、厳戒体制がしかれる米軍基地の映像がテレビの画面から徐々に姿を消していったことは興味深い。米軍によって写真撮影が禁止されたといういくつかの事例を除けば、ほとんどの場合、そこには報道する側の自主規制があったようだ。基地の危険性を報道することが沖縄観光に悪影響を及ぼすという判断が、政府や県当局、そして関連業界の共通認識としてあったが、メディアもその判断を結果的に追認する道を選んだと言われても仕方がないだろう。危険と隣り合わせに暮らす島の現実と、誘客キャンペーンが描く「いつも通りの」沖縄。さまざまな「沖縄らしさ」の記号を動員することで、いつも通りの生活が営まれる「安全な島」という幻想を再生産していくプロセスに、メディアが果たした役割は大きい。

4　排除される記憶

観光客誘致キャンペーンで表象された「いつも通りの沖縄」とは、そもそもどのような風景を指すものなのだろうか。そして、そのように表象された風景は、島の人々の日常意識が編制される過程でどのような役割を果たしているのだろうか。それを考えるために、ここでは典型的な観光情報誌の文章を見ていくことにしよう。たとえば、極東最大の嘉手納《かでな》空軍基地、通称「象の檻」（通信隊基地）、そして海兵隊本部や海軍基地など、数多くの米軍基地がある沖縄島の中部地域は、情報誌の紙面によってこんな風に紹介されている。

> 米軍基地の集まるエリアにリトルアメリカの顔を見る……コザの名で親しまれている沖縄市を中心に、異国文化に包まれた本島中部。パームツリーの並木がおしゃれなフリーウエイ、横文字の看板、ベースの外国人が行き交う町並みに、エキゾチックな沖縄を遊ぶ。（『マップルマガジン』1996:48）[11]

情報誌は、非日常的な空間をイメージさせることで旅人の欲望を誘うものだ。消費の対象として特定の風景を選び取り、その商品化をはかる観光情報誌にとって、引用文のような表現はごく当たり前の手法なのだろう。これは観光客向けの広告文であって一過性の出会いを演出するに過ぎず、実際にそこに住む人々がこのような表象を真に受けるわけがないという声もあるだろう。しかし、風景は必ずしも島を訪れる観光客だけに消費されるわけではない。

イメージとしてのアメリカ

風景がある種のイメージに翻訳し直されることで、米軍基地ですら「エキゾチック」な沖縄を彩る風景の一部として表象されていることには注意を要する。島の人々が日々直接対峙する軍隊とはまるで異なる顔をもつアメリカ。脱 - 政治化された、イメージとしての「アメリカ」が、そこに姿を現わす。米兵を「ベースの外国人」として呼ぶことで隠蔽されることは、沖縄に住む人々が常に米軍基地と隣り合わせに生きていて、グローバルな構図の下に置かれているという単純な事実だ。情報誌による表象は、在日米軍基地の七五%が集中し、米兵による事件・事故が絶えない現実と、何よりも多くの島民が基地の撤去を求めて現在も闘っている事実を覆い隠してしまう。

風景が創出されるプロセスは、同時にその風景を見る者の身体をも規定していく。それは、自ら生活する空間を他者のイメージに重ね合わせるように見ることが身体化されていくプロセスでもあるからだ。私たちのまなざしを規定する文化装置として、メディアがこのプロセスに深く関わっていることは、先に引用した観光情報誌の例を見てきたとおりだ。私たちは、さまざまなメディア言説が織り成すメディア空間のなかに生きている。媒介された風景、媒介された言葉、そして媒介された身体。イメージと情報にあふれる現代、皮肉なことに私たちがじかに世界に触れる機会はますます限られたものになっている。私たちの日常意識の成り立ちは、こうした文脈のなかで考える必要があるだろう。

たとえば、情報誌の文章に登場する「コザ」は、現在の「沖縄市」に変わる前、地域の正式な名称だった。その名の由来は、沖縄の戦後の歴史に深く関わっている。そこにはかつて「キャンプ・コザ」と呼ばれた難民収容所があった。古くからの地名「胡屋《ごや》」を米軍が「ＫＯＺＡ」と誤記したことから生まれたとされる地名は、やがて町の名称として定着することになる。かつてコザ市長だった大山朝常は「名前の成り立ちからして、まさに『米軍の落し子』のような町だった」と後に述壊している（大山 1997）。大山が述べる通り、空軍基地に隣接して発展してきた「コザ」には基地の街ならではの歴史がある。たとえば、一九七〇年一二月、アメリカ憲兵隊と住民との諍《いさか》いに端を発し、鬱屈していた住民の怒りが爆発して、後に「コザ暴動」と呼ばれることになる事件が起きた。それは、四〇〇〇名あまりの住民が参加し、七〇台あまりの米軍関係車両の焼き討ちや嘉手納基地内への突入などに拡大していった歴史的に極めて重要な出来事だったが、現在の沖縄市の風景に暴動の痕跡を探すことは難しい。

嘉手納基地の第二ゲートへ続く道は、現在「空港通り」と呼ばれている。そこは、かつて「ゲート通り」と呼ばれた歓楽街で、今でも往年の面影をいくらか残している。東アジア最大の空軍基地へ通じる道が、いつしか「ゲート通り」から「空港通り」へと読み替えられたことは、単なる偶然なのだろうか。同じ沖縄市にあり、現在では観光客相手の店が建ちならぶ「パークアベニュー」も、かつては「センター通り」と呼ばれる「白人オンリー」の歓楽街だった。フィリピンや奄美の女性たちが客引きに立ち、麻薬が取引され、しばしば白人兵と黒人兵の乱闘騒ぎがあった通りだが、その植民地的過去は「パークアベニュー」という名前からは想像すべくもない。注意すべきことは、地名の変化と共に過去の記憶が失われ、新たな意味が土地の風景に書き込まれていくことだ。その結果、映画のセットのように平板で、まるで時間（歴史）の外部にあるかのような空間が誕生する。

まなざしの暴力

異国情緒あふれる南国の記号の生産と受容が繰り返されるうちに、風景の断片は人々の意識のなかでやがてひとつの像として結晶していく。その結果、「沖縄らしさ」がコード化された島の文化や風物が、昔からそこにあった〈自然〉な風景として人々の眼に映るようになる。映像や写真といったメディアを通して見た風景を無意識に探し求め、観光客と同じ目線で風景を見る沖縄の人々が、こうして自らの土地のエキゾチックな美しさを他者の眼を通して「発見」したとしても、さほど不思議なことではない。他者のまなざしを通して「おなじ空なのに、おなじ海なのに、沖縄の色はなぜか少し違う……」（『マップルマガジン』1996）と言われてみれば、昔ながらの何の変哲もない島の空間が、いつしかエキゾチックで居心地のいいものに思えることも確かにあるだろう。

問題は、何ものかを名指す行為が、つねにある種の暴力を孕んでいることだ。名指されたものは、その瞬間に他のものである可能性を奪われてしまう。メディア空間は、実はそんな暴力が行使される〈場〉でもある。その点、前述の情報誌に掲載されたいくつかの写真は興味深い。たとえば、「平和祈念公園ののどかな光景」というキャプションが付けられた、芝生の上でバレーボールに興じる若い女性たちの写真は、そこが戦跡地である事実をソフトな表象で包み込む。米軍機が一機も写っていない嘉手納基地の写真は、「嘉手納飛行場」という文中の表現を視覚イメージによって補完するものだ。そこには、「空港通り」と同じような表象の罠がある。

非日常的な事件や事故を好んで取り上げているように見えるメディア。しかし、メディアは実際には日常性への強い指向性を示すものだ。新聞やテレビなどのメディアは、それ自身透明な単なる情報の伝達装置ではない。それらはリアリティの一部を任意に切り取って編集することで、世界を意味のあるものに作り替える。どんなに「非現実的」な出来事であっても、そのプロセスを通過するうちに、日常の言葉に翻訳し直され、了解可能なイメージとして編集・加工されていく。その際に用いられる言葉やイメージは逆に、しばしば私たちの現実認識のあり方を規定し、社会意識を編制していく。

社会意識の編制とはいっても、それはあからさまな強制を伴うものではないから、一見暴力とは何の関係もないように思える。しかし、ある〈物語〉が優勢を占めるようになったということは、その他の〈物語〉が排除されたことを意味する。社会変化という文脈において、それは時として可能性の芽を摘むことにつながる。日常意識が形成されるプロセスには、メディアを介する言葉やイメージが関わっていて、そこにはしばしば記憶と排除をめぐる暴力的な力が働いている。メディア空間に流通する沖縄の風景が、その土地に住む人々によってもごく当たり前の日常風景として受け入れられるようになってきた背景には、表象をめぐる抗争があることを忘れてはならないだろう。

監視社会のポリティクス

政治的な文脈から解き放たれた「アメリカ」のイメージが飛び交い、「癒しの島」といった語りが自己言及的に流通するようになった。「沖縄らしさ」を商品化したグッズが身の回りに溢れるようになり、今では「楽園」イメージがすっかり定着したように見える。そこにおいて、島の人々が自ら積極的に「南の島の住民」を演じるようになり、本質主義的な言葉で「沖縄」や「沖縄人」が語られることも珍しくなくなった。問題は、「楽園の島」の住民を明るく演じ続けることが、とりもなおさず島の人々の〈脱ー政治化〉を助長してしまうことにある。「南海の楽園」というイメージは、島民のアイデンティティ獲得への欲望と日米同盟の強化を図る日米両国家の欲望が交差する地点に生み出されることに留意する必要がある。風景の意味を読み替えることによって島に渦まく反基地のエネルギーを無化するとき、メディアは監視と規律を生み出す〈装置〉として機能する。

写真6-2 沖縄国際大学の建物から見る在沖海兵隊普天間基地（撮影：筋野有里）

安心できる社会に住みたいという、それ自体は真っ当な欲望が、空間監視のテクノロジーと結びつくとき、他者の排除が自己目的化される様を私たちは日々目撃している。問題は、そこにおいて誰が誰を名指して〈他者〉と呼ぶのかということだ。本稿では、ケータイ使用や沖縄の表象をめぐって、名指される側の視点から、「監視社会」の現状をみてきた。監視社会化のより深刻な問題は、空間の監視が常態化することに加えて、身体の管理が進行していることだ。身体管理は、多くの場合〈自己管理〉の形をとって実践され、しかも当の本人はそれに気がついていないことが多い。たとえばケータイは、人が私的空間に守られたままで公共空間のなかを自由に移動することを可能にした。ケータイによるコミュニケーションは、見知らぬ他者の間にあってもどこか遠くの知人とつながることを可能にし、そこに安心できる空間を作り出す。しかし、それは同時に「それ以外の他者や私（わたくし）とは対照的な公（おおやけ）と関わりをもつことなく過ごすことが、ケータイによってより容易になる」ことをも意味する（松田 2002:223）[12]。私的空間に自閉し、外部と接点を持たない身体は、逆説的だが、監視のまなざしにも無防備になる。

　自閉していくのは私的空間だけではない。本稿後半部で見たように、たとえば沖縄においては島の空間が氾濫するイメージによって充填され、それが人々の日常意識に影響を与えている。観光情報誌の語りは、米軍基地を抱える街を心地よい空間として表象し、結果的に風景の意味を読み替えてしまう。饒舌な表現から、実はさまざまなものが抜け落ちていることは、情報誌の語りを例に挙げて指摘したとおりである。ここで付け加えておきたいことは、他者のまなざしの先にあるイメージが島の人々によって身体化されたとき、それが〈オルターナティヴ・スペース〉を思い描く可能性の芽を自ら摘んでしまうことだ。空間は、必ずしも監視カメラや盗聴マイクのような装置によって監視されるわけではない。支配的な言説に対抗しうる身体の動きが抑制され、ある種の発話や行為が水路づけられるような空間編制もまた、現在進行中の監視社会化と親和性をもつ。しかも現在のところ、そういう状況に対抗しうる広範囲な議論があるとはとても言いがたい。空間の管理と身体の自己管理が同時進行する状況下で、疎外が疎外として意識されなくなっていることが、なし崩しに進行している監視社会化の最大の問題なのだ。

5　分断／支配に抗して

本稿では、メディア空間において進行する管理の問題をめぐって批判的な考察をすすめてきた。たしかに一方では、ケータイが改良されつつ広まっていくことは、私たちの生活をより便利にするという点で、歓迎すべきだという声もある。さらに、沖縄がどのように表象されようとも、それは多様性・多文化の発現として望ましいことだという声もある。しかし、ケータイが本来のコミュニケーション・ツールとしての機能を超えて身体に影響を与えていること、メディア表象が孕む問題が単に文化のレベルにとどまるものではないことは、本稿で概観してきたとおりだ。本質的な問題は、権力発動のモードが変化していることにある。それは、端的に言って、分断による支配と言い表すことができるだろう。そこには、強権発動による支配ではなく、空間や身体を権力装置の重要な要素として組み込むプロセスがあり、さらに、その存在自体を不可視にする力が働いている。

身体が空間に接合されるプロセスそのものを可視化し、批判的に検証しなければならない理由がそこにある。さらにそれは、身体と空間をどう使いこなすかという実践的な問題に直結する。沖縄で新しい形の市民運動として注目を集めている「合意してないプロジェクト」は、その点において極めて興味深い。在日米軍再編をめぐる二〇〇五年秋の「日米合意」に対抗する運動として、学生、会社員、フリーター、アーティスト、ミュージシャン、教員など、それぞれの立場を越えてさまざまな人々が参加する「プロジェクト」は、その名称自体が示すように組織化をこばみ、中心を持たないネットワーク型の運動を目指すものだ。そのつど形成される緩やかな人々のつながりを通して、それぞれのやり方で「異議申し立て」の声が発信され、その輪は様々な境界を越えて確実に広がり続けている。

「合意してないプロジェクト」は、「本部」や「事務所」の類を持たない。実は、それらの役割を果たしているのが、ケータイやインターネットによるコミュニケーションなのだ。作戦会議ですらも、ほとんどの場合メーリングリストを使ったメッセージのやり取りで済ませてしまう。フットワークの軽さ、行動の速さが身上で、メンバーのホームページやブログを通してリンクが貼られ、人の輪が簡単に広がっていく。一見ばらばらに漂流するケータイ空間が、あっという間に横につながり、ある種の公共空間を作り上げていく運動は、空間と身体が接合される有り様をすでに変えつつある。さまざまな階層の人々が、生活や遊びのなかで異議申し立ての声を上げ続けるネットワーク型社会運動の登場。それは、分断と切り貼りによって意味を組み替えられた空間と、自己管理の結果こわばった身体を、自分たちの手に取り戻す試みだといえる。

注

・1　たとえば、大阪教育大学と民間企業が共同開発し、付属池田小学校で導入される予定の「児童登下校通学路安全管理システム」などはその典型だろう。これは、児童が身につけた発信機から出る信号を通学路に設置されたカメラ付きの「管理ポイント」が認識し、その登下校パターンが予め入力されたデータと大きく異なる場合、「学校のパソコンに児童の名前、学年、クラスなどが表示される」仕組みになっている。

・2　調査対象は沖縄国際大学（沖縄県宜野湾市）の一年次諸君で、調査は二〇〇四年六月に実施した。首都圏やその他の主要都市におけるより広範囲で詳しい調査については、斎藤（2004）を参照のこと。

・3　ケータイがなくても構わないと答えた学生の多くが、異口同音に「他の人たちも持たない」ことを自分が手放す条件にあげていたことは興味深い。

・4　佐藤は、ベンヤミンの文章に触れつつ、「家族の親密圏への暴力的な侵入」をもたらした電話の導入について述べている。佐藤はそこで、会話中の当事者同士にとっては、電話が「閉鎖性＝秘密性を前提とする」ことにも言及している。

・5　ここで流用した「ケータイ空間」という表現は、もともと小型車の広告に使用されたもので、それは、移動する〈私的空間〉としての自動車の特性を端的に示すものだったといえる。

・6　富田の「ケータイは（…）都市空間をもうひとつのメディア空間に変換する」という指摘はその通りだが、さらに問われるべきことは、それがより広い文脈での変化とどう関わり、その変化の先にどういう社会が待ち受けているかということだ。

・7　霊長類研究者の正高信男は、「家の中」から公共空間に出ることを拒絶する若者の行動をサルのそれになぞらえて痛烈に皮肉った（正高 2003）。それについての批判、というよりも議論の発展的継続は、斎藤（2004）を参照のこと。

・8　さらに、斎藤はケータイの利便性に慣らされた身体が行き着く先を以下のように予言する。「ケータイがなければ何もできない、暮らしていけない時代がやってくる。巨大なシステムに操られることが苦にならない、むしろ心地よく感じられる時代が」。

・9　ここでいう「言語」とは、広い意味でのコミュニケーションのための媒体を指し、音楽や映像や身振りなども含むものとする。

・10　この点に関しては、田仲（2002）、野村（2005）、目取真（2005）を参照のこと。

・11　最近では、沖縄移住を勧める書籍が目立つが、外部から、沖縄を覗き込むような視線は相変わらずだ。そのなかの一冊は沖縄を以下のように紹介している、「沖縄ってトコロは、〝アメリカ〟な部分がたくさんあって、異国情緒、というよりもむしろ異国にさえ感じてしまうほど。青く澄んだ海も空も、スローライフもいいけれど、少しばかり違った視点＝アメリカで沖縄を眺めるのもどこか別世界へ旅をしているようでちょっと、なんだか楽しくなってきませんか？」（『沖縄スタイル』2004：31）。

・12　松田は、ケータイ使用による「選択的人間関係」が生み出す問題を論じつつ、しかしその可能性についても言及している。

参考文献・資料

大山朝常（1997）『沖縄独立宣言――ヤマトは帰るべき「祖国」ではなかった』現代書林

岡田朋之・松田美佐（編）（2002）『ケータイ学入門』有斐閣

沖縄スタイル編集部（2004）「沖縄のアメリカ」『沖縄スタイル　3』

倉持茂（2005）「一九九五年（から／へ）の呼び声」『現代思想』一二月号

斎藤貴男（2004）『安心のファシズム――支配されたがる人びと』岩波新書

酒井隆史（2001）『自由論――現在性の系譜学』青土社

佐藤卓巳（2003）『現代メディア史』岩波書店

セネット、リチャード（1991）『公共性の喪失』北川克彦・高橋悟訳、晶文社

田仲康博（2002）「メディアに表象される沖縄文化」伊藤守（編）『メディア文化の権力作用』せりか書房
トゥアン、イーフー（1988）『空間の経験――身体から都市へ』山本浩訳、筑摩書房
富田英典（2002）「都市空間とケータイ」岡田朋之・松田美佐（編）『ケータイ学入門』有斐閣
仲里効（1998）「ラウンドボーダー in EDGE」『ＥＤＧＥ』第六号
野村浩也（2005）『無意識の植民地主義――日本人の米軍基地と沖縄人』御茶の水書房
平井玄（2005）「九〇年代を切断する――パラマーケット論からダンボール・ペインティングへ」『現代思想』一二月号
フリッシー、パトリス（2005）『メディアの近代史』江下雅之・山本淑子訳、水声社
ボルツ、ノルベルト（2002）『世界コミュニケーション』村上淳一訳、東京大学出版会
マクルーハン、マーシャル（1987）『メディア論――人間の拡張の諸相』栗原裕・河本仲聖訳、みすず書房
正高信男（2003）『ケータイを持ったサル』中公新書
マップルマガジン編集部（1996）『マップルマガジン　沖縄』
目取真俊（2005）『沖縄「戦後」ゼロ年』ＮＨＫ出版
メイロウィッツ、ジョシュア（2003）『場所感の喪失　上』安川一・高山啓子ほか訳、新曜社
毛利義孝（2003）「ヴァーチャリティ」『現代思想』五月号
吉見俊哉・若林幹夫ほか（1992）『メディアとしての電話』弘文堂
ライアン、デイヴィッド（2004）『9・11以後の監視』河村一郎訳、明石書店
ルーマン、ニクラス（2005）『マスメディアのリアリティ』林香里訳、木鐸社
『朝日新聞』二〇〇六年一月一六日夕刊
――――二〇〇六年一月二一日夕刊
――――二〇〇六年一月二七日朝刊
『沖縄タイムス』二〇〇四年六月一九日

キーワード Ⅲ

1 メディアとリアリティ

メディア、とくに電子メディアの発達は、私たちの社会環境を大きく変えてきた。今や、メディアの影響を考慮することなくして、私たちの経験を語ることはできない。「この五十年来、われわれが経験したり、読んだり、見たり、聞いたりすることの大部分は、みんな疑似イベントになってしまった」と**ダニエル・ブーアスティン(1964)**が喝破したのは、今から三〇年以上も前のことだった。

幻影(イメージ)の製造が産業の一翼を担い、その影響力が無視できなくなっていることを彼は正しく見抜いていた。しかし、そこには暗に「擬似イベント」に対比されるものとして「現実」が想定されてもいた。リアリティの構築そのものにメディアが大きく関わっている今、一方の極にリアリティがあり、もう一方の極にヴァーチャルな世界があるという発想では、もはや現代社会のさまざまな事象をとらえることはできない。

現実の正当性を担保する立場からではなく、空間と身体の接合のあり方に及ぼす影響という視点から、メディアの働きを考えてみる必要があるだろう。たとえば、**ダニエル・ダヤーン&エリユ・カッツ(1996)**は、メディア・イベントに参加することによって、オーディエンスが時間と空間を共有する様に注目した。この場合の「参加」とは、報道される出来事を同時に見るという受身の経験を指すのではなく、視聴者も積極的に関わる、というまさに字義通りの参加であることに留意する必要がある。

それぞれがいる空間において個人的に参加するという形態を取りながら、それはオーディエンスの意識が集団的記憶として形成されることを助け、さらに行為の準拠枠として機能するようになる。メディア・イベントを擁護する立場がいささか楽観的に過ぎることと、文化人類学的な集団儀礼のモデルに引きづられるあまり、電子メディアの影響下におけるオーディエンスの日常に対する目配りを欠いていることが気にはなる。しかし、私たちの日常生活がメディア、とくにテレビの視線によって貫かれていることを批判的に考える上で、メディア・イベントという視点は未だ有効性を失ってはいない。

私たちの可能性を広げる電子メディアが、他方で生み出す問題に警鐘を鳴らす人もいる。たとえば**西垣通（1995）**は、根源的な価値観のゆらぎが、サイバースペースに宗教的な求心力を呼び込む余地を生むと主張する。電子メディアが支配的となった近未来（今？）にあっても、人々の不安は消えない。そこに、聖なる身体が要求される余地が生じると説く議論は興味深い。

しかし西垣は、ヴァーチャル・リアリティによって身体が変容するという論理の飛躍を戒めてもいる。彼はむしろ、身体のシミュラークルとしてサイバースペースに出現するヴァーチャルな身体が、現実の身体に先立つ規範となる可能性に注目する。いずれにしろ、彼が描く近未来の社会像は、電子メディアが生み出す闇を照らし出す。

国民国家もまた、ある意味でメディアが媒介した〈リアリティ〉だと言える。**ベネディクト・アンダーソン（1997）**が用いた「想像の共同体」という言葉は、今ではやや使い古された観がある。しかし、一八世紀ヨーロッパに開花した小説と新聞が、その読者に共時的な空間に生きる「国民」という観念を植え付けたとする彼の議論は、国民が歴史的／文化的な構築物であることを考える上で示唆に富む。ナショナリズムの起源は、出版文化の成立、ひいては資本主義の発展に深く関わっていた。今や地球規模で再編が進行するメディアは、国民国家の将来にどのような影響を与えるのだろうか。

電子メディアによって流通する情報量の際限なき増大は、情報が多すぎるがゆえに何も知りえない、というパラドックスを生み出す。たとえば、検索エンジンなどは、できるだけ多くの情報を探すというよりも、むしろ情報の量を減らすことによって対処可能なレベルにまで世界を単純化する努力の現われとして捉えるべきだろう。**ノルベルト・ボルツ（2002）**は、電子メディアの発達により、私たちの知覚の対象が〈世界〉から〈コミュニケーション〉に変わったことを指摘する。そこにおいて現実は、もはや自明のものではあり得ない。「リアリティ」の定義をめぐるせめぎ合いの分析が、メディア研究にとって今後ますます重要なものとなるだろう。

2　風景の消費と権力の作動

科学技術の発達は、時間と空間の圧縮をもたらした。グローバルな規模でツーリストが移動する時代の到来は、土地に縛り付けられていた視線を解放し、「場所」に対する考え方そのものを変化させる。**ジョン・アーリ**（2003）は、場所が消費活動のための中心地として再構築されていること、場所自体が視覚的に消費されていること、場所が文字どおり消尽されうること、そしてローカリティが人々のアイデンティティを消費することもあると主張する。

場所の視覚的消費には対比できる基準が必要となるが、アーリによると、その役目を担うのはツーリスト自ら撮影した写真、テレビ番組、ビデオなどである。人は、それによってある場所のイメージを「審美的」判断によって比較し、評価する。ローカリティとグローバリズムが交錯する地点として「場所」を捉える彼の視点は重要なものだ。私たちの周りで現実に起こっていることの多くは、空間（場所、風景）とそこへ向けられる視線をめぐる抗争として捉えることができるからだ。

電子メディアの発達は、コミュニケーションの範囲を大幅に拡大し、通信時間の短縮をもたらした。従来の物理的障害が無化され、伝統的な社会状況の束縛を受けることなく成立するコミュニケーションは、私たちの社会的役割を変化させ、「状況」や「文脈」といった言葉の意味を相対化する。その結果、感覚や思考や行動パターンの変容が、「場所感」の喪失につながると**ジョシュア・メイロウィッツ**（2003）は主張する。

電子メディアの登場によって、かつて物理的場所と結びついていたアイデンティティは、そのあり様が変わってくる。たとえば、社会的に同一の地位にある人々は、類似した情報システムにアクセスすることで、自らの社会的布置関係を再生産もしくは再編する。集団的アイデンティティは、経験や役割や情報を共有することによって形成されるからだ。問題は、そのプロセスにおいて、同一の状況を共有しないもの（他者）が生み出され、排除されることにある。多文化化や多様性という言葉が独り歩きする一方で、ナショナルな空間の編制が進行する今、統合と排除のメカニズムについて私たちがいっそう注意深くあらねばならない理由はここにある。

公共空間と私的空間をめぐる変化は、空間に作動する権力のあり様も変えてきた。**パトリス・フリッシー（2005）**は、公共空間の変容と個人がそこに接続する様式の変化をもたらすものとして通信技術の発達に注目する。一九世紀に流行した劇場、一過性に終わった劇場電話、最後の（と言えよう）集団的鑑賞をもたらした映画を経てラジオやテレビの時代になると、個人の生活は根本的に変化する。

電子メディアの発達は、その後さらに大きな社会的変化をもたらしたが、それが公共圏にどのような影響を及ぼしているのかについては意見が分かれる。公共空間のなかを自由に移動しながら分裂と接合をくり返す新しい身体の登場なのか、どこにいても監視の対象となることに無頓着で従順な身体になってしまうのか、あるいは双方が同時に起こっているのか、今しばらく注視する必要があるだろう。

今、視線をめぐる権力がもっともグロテスクな形で作動しているのは、米軍基地の再編が進む沖縄だろう。**岩渕功一ほか（2004）**は、沖縄の表象をめぐる学部生の調査・研究を軸に、メディア空間のなかで作用する暴力装置の働きを明らかにする。そこには、ドラマやポピュラー・ミュージックで積極的な価値を付与され表象される沖縄イメージが、観光客だけではなく沖縄に住む人々によっても消費され、社会意識を変えつつある現実が紹介されている。

しかし、観察者／研究者もまた、表象の暴力から自由ではあり得ない。分析の対象として事象を切り取る作業には、常に何かを取りこぼしてしまう危険が付きまとうからだ。この本のもう一つの軸は、まさにそのことをめぐる議論から成り立っている。誰が、どのような位置に立って観察／研究するのかという問題は、これまで永く不問に付されてきた。観察者と非観察者の間に生じる〈距離〉は、むしろ、学問の科学性・公平性を担保するものとして奨励されてきた。しかし、生活のさまざまな局面で空間と身体の再編が進む今だからこそ、そこに潜む暴力を探り出し、その地点から、どう言葉を発するのかが問われている。

3　メディアと身体変容

空間そのものが歴史的・文化的に構築されるものであり、時として政治的な意図を孕んでいるとしたら、そこに生じる力をまさに字義通り「一身」に受けてしまうのは、私たちの身体であるほかはない。メディアを批判的に考察する必要がここにもある。空間の変容と密接に関わっているメディアは、身体と空間の接続にも大きな影響を及ぼしているからだ。

マーシャル・マクルーハン（1987）は、人類の歴史を、意識や認識レベルにおける「人間の拡張」という位相で理解しようと努めた。しかしその観測は、いささか楽観的なものだ。メディア（科学技術）の発達によって、身体が空間に拡張し、それが人間意識の集合的・集団的な拡張に至ることで、新たな共同体が生まれる、というわけだ。空間や身体の不可逆的な変化が、彼が予見したような「グローバル・ヴィレッジ」として結実するのかどうかについて判断を下せる地点に、私たちは未だ立ってはいない。しかし、いずれにせよ私たちの中枢神経組織を外部にまで拡張することによって、生活全般が情報プロセスと化してしまったというマクルーハンの指摘は、今もその重要さを失ってはいない。

身体の拡張が行き着く先には、人工知能がある。それが人類の見果てぬ夢なのか、あるいは科学技術が生み出す悪夢なのか、もはやSF映画の世界にとどまる話ではない。**西垣通（1994）**は、人間のように思考する「普遍言語機械」を作りだそうとする現代人の欲望そのものをあぶり出し、その背景にある文化の実情を審問にかける。

彼はまず、「サイボーグ化」がコンピュータによる個々の身体への直接介入を意味することに注意をうながす。当然のことながら、そこにおいては言語に基づく私たちの社会制度が根本的な変容を迫られるからだ。もともと曖昧で多義的な言葉が、正確無比な普遍言語に置き換えられたとき、コミュニケーションがもつ意味も変わるだろう。コミュニケーションの効率を上げる努力が、当のコミュニケーションを排除してしまう危険がそこにはある。

さらに重要なことは、限りなき身体改造への欲望が、その完全な実現如何は別にしても、空間や身体の管理と親和性をもつ可能性を孕んでいることだ。効率性への志向が極限まで推し進められたとき、私たちの身体がどのような変化を強いられるのか、今一度立ち止まって考えてみる必要があるだろう。

たとえば**大澤真幸（1995）**は、電子メディアに接続された身体が、自己の内部に他者性を孕むことで自己の断裂を生み出すことに注目する。私たちは通常、現実の存在そのものについて疑いをさしはさむことはない。しかし、事件や事故に巻き込まれた人の証言などから明らかなように、私たちの現実感覚そのものは多くの場合メディアに依拠している。

それは、身の周りで起きていることを、報道メディアの言葉やイメージという〈フィルター〉にかけて、首尾一貫した分かりやすい〈物語〉として認識の枠内に取り込む行為を意味する。現実の内部にいる（はずの）私たちが、外部からの視点に準拠することなしには、統一のとれた「現実」を把握できないことを、大澤は指摘している。この外部からの視点を導入するにあたって、メディアが果たす役割は大きい。というよりも、私たちは、もはやメディアの言説を離れて現実を把握することすら困難な状況に置かれている。しかし、私たちの視線そのものに潜む〈他者〉の影に気づくことは、メディアと身体の変容を考える第一歩となるに違いない。

それにしても、周りを見渡すたびに気づかざるをえないことだが、身体へ注がれる過剰な視線はいったい何に由来するのだろうか。その背景にはもちろん、身体を投資対象ととらえる資本の欲望があるのだが、それだけではすくい取れない何かがここでは進行している。

ジル・リポヴェツキー（2003）が「個性化の過程」としてやや楽観的に捉えたように、それは社会生活の再編成が進むなかで新たに生まれつつある、個人が優先される時代の到来なのだろうか。それとも、それは、たとえば西垣が描いてみせたように、人類が近未来の〈闇〉を自ら引き寄せるような所作の表れなのだろうか。少なくとも、今この時点でひとつだけ言えることは、空間と身体の変容は不可分なものであり、双方を同時に見すえる批判的視座が要求されているということだ。

4 ネットと空間

電子メディア／ネットワークメディアが多くの人々に利用されるようになると、様々なかたちで空間を媒介するようになる。

喜多千草（2003）は、ネットの起源であるコンピュータをネットワークで繋ぐ技術の開発からアーパネット（ARPANET）の成立までを、それを支えたJ・C・R・リックライダーの試行錯誤をもとに解き明かす。それはネットワークによって繋がれた情報リソース共有の場が、対話型コンピューティングという思想のもとに成立してきた過程である。

ただし、ネットに繋がらなくとも電子メディアを利用することは、それ自体、空間的広がりを人々に認識させることでもある。**奥野卓司**（1990）は、日本のネット普及以前のパソコン少年を対象にフィールドワークをおこなっている。彼らがコンピュータを使うこととは、単にモニターを見てそれを操作するだけでなく、モニターを通じたコンピュータの宇宙へと無限の広がりを有している。モニターとは、こちら側からみればコンピュータの中をみる窓であるが、裏を返せばパソコン少年のコスモロジーを映し出す鏡である。身体と電子メディアの交感は、これまでにない感性を生み出しているのかもしれない。

こういった電子メディア体験の空間的広がりは、ネットで繋がることによって、具体的に他者との交流としての形象をもつようになる。数々のオンラインコミュニティの成立に関わってきた**ハワード・ラインゴールド**（1995）は、アメリカ西海岸において成立したオンラインコミュニティや、現在もアメリカで大きな力をもつ電子フロンティア財団の成立、これらをとりまく市民による互助や市民運動の様子を描いている。

したがって、ネットが政治的言論を媒介することもあり得ない話ではない。**吉田純**（2000）は、日本におけるオンラインコミュニティに、ハーバーマスが西欧近代において成立したと論じる公共圏の可能性を検討した。確かに、ネット上の掲示板ではデジタルディバイドの問題さえ解決されれば、誰もがアクセス可能な理性的／政治的討議の場が可能である部分もある。しかしたとえ規範的な意義があったとしても、実態としてのネットは、非理性的／自己目的的なコミュニケーションが氾濫してもいるし、それを生み出す社会的要因も大きい（次項「コミュニケーションの揺らぎ」を参照）。これには匿名であることからくる無責任さも影響しているであろう。

ただしその匿名性は何も悪影響だけをおよぼすのではない。**シェリー・タークル（1998）**が紹介するように、オンラインに存在するもうひとつの自己は、オフラインでの社会関係で実現できない自己を成立させ、社会関係の実験としても利用されている。臨床心理学者でもある著者が、それにセラピューティックな意義を見出している点は興味深い。

とはいえネットが媒介する空間は、コミュニケーションの揺らぎや匿名性以上の問題も抱えている。**デイヴィッド・ライアン（2002）**が指摘するデータによる監視は、着実にわれわれの社会に浸透している。**原田泉・山内康英（2005）**らは、サイバーテロ、サイバー犯罪、国家にとって有害となる情報に対するセキュリティの強化といったネットに対する監視・規制の諸相を、9・11テロ以降のアメリカにおける愛国者法の成立や規制の強化、あるいは中国における統制の実態を踏まえ検討している。そこにはネットが空間を媒介することによって、ときとして自由がもたらされ、それと表裏一体の秩序に対する脅威を、政府が飼いならす動きがみてとれる。

先述のように一貫して、ネットによる繋がり合う自由と協働性を主張してきた**ラインゴールド**も、近年の著作（2003）では、フィリピンのエストラーダ政権を退陣に追い込んだ群衆を（ショートメッセージで繋がっていた例として）紹介しつつ、近年強化される監視・規制の状況に関しても言及している。

このように監視・規制の問題が常につきまとうのも、電子メディアとそのネットワークによって媒介される空間が、技術的基盤を変えればすべてが制御可能になるという性質をもっているからだ。**ローレンス・レッシグ（2001）**が、アーキテクチャ（技術的基盤）に、制御不可能性を付加する必要性を説くのはそのためである。たとえ技術的問題であっても、その内容を決定するのはわれわれの社会である。

5 コミュニケーションの揺らぎ

様々なメディアが「日本社会」に普及し、それに媒介されるコミュニケーションにも様々な揺らぎが生じている。たとえば岡田朋之・松田美佐（2002）らは、ケータイの成立過程を紹介しつつ、都市空間において成立していたファミリアなストレンジャー（対面状況であるが匿名な関係）に対して、メールだけの友達や出会い系サイトでの繋がるといったインティメイトなストレンジャー（顔の見えない人であっても親密な内容を語り合う関係）が登場したこと、あるいはメッセージの伝達というよりもコミュニケーションそのものが自己目的化する事態を紹介している。多様な社会的場面を生きるわれわれ、あるいは不関与の規範を守るべき都市空間のなかのわれわれが、親密なコミュニケーションを、家庭や親友とは別の場所／相手に求め、その逆に家族や親友との間には、単なる繋がりの確認のみが求められているのかもしれない。

コミュニケーションの揺らぎはまた、東浩紀（2001）が現代のオタクについて分析したように文化消費の場面でも観察される。かつての文化的創作物の消費は、背景となる一次創作が大きな物語として機能し、その中で意味付けられる個々の要素が消費されていた。しかし現代は一次創作物が、その中での意味を剥ぎ取られた〝萌え要素〟という記号データにまで分解され、その集積としてのデータベースから個々の要素を取り出し、消費者がコラージュし、創作物を無限に成立させる「データベース消費」が特徴となっている。これを可能にするコミュニケーションは、全体を統一的に貫く物語という準拠枠を欠いた、記号的連鎖のみなのである。

ただしこのオタク文化とは、社会のポストモダン化――すなわち大きな物語が失効した世界において、コミュニケーションをおこなう際に必要な、他者と自己の位置付けを、社会が充分に提供しなくなった状況――を先鋭的に反映しているとされる。オタクたちは、社会的現実よりも、漫画やアニメといった虚構によって（しかも虚構を成立させる仕組みさえ、大きな物語に拠らないデータベースから恣意的に作り出す）、自己と他者を位置付けるようになったという。

こういったコミュニケーションは、オタクに限られるものではないようだ。**北田暁大（2005）**は、近年「2ちゃんねる」などのネットで拡大するようになった、ひたすらに時事の話題をネタにコミュニケーションを連鎖させる現象は、一九八〇年代に存在していたギョーカイネタを嗤うアイロニカルな態度（シニシズム）が、自己目的化したものであるという。ギョーカイネタを嗤うのに必要なオヤクソクを共有する巨大な内輪は依然としてあるものの、現在ではギョーカイという大きな準拠点が失効し、ギョーカイによって担保されていた社会的位置付けが剥ぎ取られ、話題をネタにしたコミュニケーションの連鎖だけが存在しているという。

このようなポストモダン的状況は、社会の流動化が高まった状況と言い換えることもできる。**鈴木謙介（2005）**は、社会が流動化し、アイデンティティを確立するのに必要な参照軸が提供されなくなり、他者を介さず自己内部で完結する再帰的モニタリングを通じて、「脅迫的に自己を再確認する自己」を描いている。それは、他者との間に有意味な差異をもたらさない、繋がりの確認だけをおこなうケータイのコミュニケーションや、増加するフリーターの「自分のやりたいこと」という再帰的問いかけに顕著だという。

なお、ここで紹介したいずれの書も、主として日本社会を論じていることは忘れるわけにはいかない。こういったコミュニケーションの揺らぎが、いかなる社会でも同じ強度／頻度で起こるわけではない。親密性のなかに思想信条が入り込まざるを得ない／民族・宗教的差異によって時には差別さえ伴い個人にいやおうなく社会的位置付けを課す／内輪として共有できるものがエスニシティに規定される／流動化が新たな参照軸を提供して社会変動をうながす、等々の状況が存在する社会であれば、当然揺らぎの幅も質も異なってくるだろう。上記のようなコミュニケーションの揺らぎは、「日本」という「豊か」で、「同質的」（と信じ込まれている）社会特有の、面白さであり、くだらなさであり、幸せであり、病理なのであろう。

文献一覧

東浩紀（2001）『動物化するポストモダン』講談社現代新書

アーリ、ジョン（2003）『場所を消費する』吉原・大澤ほか訳、法政大学出版局 ＊

アンダーソン、ベネディクト（1997）『増補 想像の共同体』白石・白石訳、ＮＴＴ出版

岩渕功一・多田治・田仲康博（編）（2004）『沖縄に立ちすくむ』せりか書房

大澤真幸（1995）『電子メディア論』新曜社

岡田朋之・松田美佐（編）（2002）『ケータイ学入門』有斐閣選書

奥野卓司（1990）『パソコン少年のコスモロジー』筑摩書房

喜多千種（2003）『インターネットの思想史』青土社

北田暁大（2005）『嗤う日本の「ナショナリズム」』ＮＨＫブックス

鈴木謙介（2005）『カーニヴァル化する社会』講談社現代新書

タークル、シェリー（1998）『接続された心――インターネット時代のアイデンティティ』日暮雅通訳、早川書房

ダヤーン、ダニエル&エリユ、カッツ（1996）『メディア・イベント』浅見克彦訳、青弓社

西垣通（1994）『ペシミスティック・サイボーグ――普通言語機械への欲望』青土社

――（1995）『聖なるヴァーチャル・リアリティ』岩波書店

原田泉・山内康英（編）（2005）『ネット社会の自由と安全保障』ＮＴＴ出版

ブーアスティン、ダニエル（1964）『幻影の時代』星野・後藤訳、東京創元社

フリッシー、パトリス（2005）『メディアの近代史』江下・山本訳、水声社

ボルツ、ノルベルト（2002）『世界コミュニケーション』村上淳一訳、東京大学出版会

マクルーハン、マーシャル（1987）『メディア論』栗原・河本訳、みすず書房

メイロウィッツ、ジョシュア（2003）『場所感の喪失上』安川・高山ほか訳、新曜社

吉田純（2000）『インターネット空間の社会学』世界思想社

ライアン、デイヴィッド（2002）『監視社会』河村一郎訳、青土社

ラインゴールド、ハワード（1995）『ヴァーチャルコミュニティ』会津泉訳、三田出版会

――（2003）『スマートモブズ』公文・会津訳、ＮＴＴ出版

リポヴェツキー、ジル（2003）『空虚の時代』大谷・佐藤訳、法政大学出版局

レッシグ、ローレンス（2001）『ＣＯＤＥ インターネットの合法・違法・プライバシー』山形・柏木訳、翔泳社

＊印はキーワードIIの一部文献を兼ねる。

エピローグ――「自由」に向けて

公共空間、居住空間、メディア空間のそれぞれにおいて、現在どのような空間管理が進んでいるのか。それを問題意識の出発点として、各章での議論を進めてきた。そこから以下のことが明らかになった。現代社会における諸空間は均質性や画一性のみを追求する全体主義的な統制のもとに置かれているわけではなく、むしろ人々の多様な欲望に応えるように、快適さや安全・安心を提供するべくデザインを施される傾向を強めている。だが、そうした楽しく快適な空間は、同時に巧妙に管理されてもいる。つまり、少なくとも表面上では管理が自由や個性と矛盾することなく進んでいく。その意味で、一見すると自由に感じられる場は、実のところ多様性や差異性を予め抑圧する不自由な空間でもあるのだ。

「空間管理」の現在をこのように理解すると、あらためて「自由」について考えていく必要性が痛感される。ただ単に「好きなことをする」だけでも、「安心して暮らせる」だけでも、「楽しく戯れる」だけでもない「自由であること」とは、果たしてどのような事態を指すのだろうか。人々が交わすコミュニケーションによって生み出される出会いや交流は、どのような「自由な空間」において保障されるのだろうか。

来るべき「自由」について明確に語る言葉を、今の私たちは十分に持ち合わせてはいない。しかし、各章での議論を通じて、自由の条件の輪郭を僅かながらも描き出すことはできたと思う。都市空間が監視の眼差しに晒されているとしても、そこには必ず「見返す」運動が生じる。安全・安心の名のもとにウチに籠る居住設計が進んでいくことに対抗すべく、デザインする側と住まう側の双方から新たなパブリック／コモンな場を模索する動きが立ち現れる。メディア空間は人々の関係性を分断し身体にまで管理の手を伸ばしていくが、「生身の身体」から発せられる異議申し立ての声は潰えることなく、新たな表現の場を探し求めている。「空間管理」の時代は同時に、空間をめぐる抗争をさまざまな形で生み出してもいるのだ。今の社会において「自由」を構想していくうえで、空間をめぐる両義性を的確に捉える理論的な作業は不可欠であるに違いない。本書では、私たちが日々暮らしている現代社会の諸空間においてどのような管理が進行しつつあり、そこにどのような危険が生じていて、さらにどのような可能性が潜んでいるのか、を具体的事象に即して明らかにしてきた。今後に残された課題は、「空間管理社会」の実態をより詳細に描き出すとともに、そこに見て取れる両義性をより鮮明なかたちで浮かび上がらせることである。そうした地道な作業の積み重ねを通じてはじめて、来るべき「自由」への確かな糸口が見えてくるのだと思う。

本書は関西学院大学21世紀ＣＯＥプログラム「『人類の幸福に資する社会調査』の研究」二〇〇

三～〇七年度（拠点リーダー　髙坂健次・関西学院大学社会学研究科教授）の一環である、「監視テクノロジーが市民生活の『幸福』に及ぼす影響に関する研究」（代表　阿部潔）の研究成果の一部である。それぞれに専門領域が異なり、互いに離れた場所で活動するメンバーたちとの共同研究は、大変に刺激的でとても愉快な経験であった。当初は「監視社会研究」として始められた共同研究の方向性は、研究会での議論や学会・ワークショップでの報告を通じて、微妙にしかし決定的に修正を余儀なくされていった。その理由は、人々にとって息苦しく嫌なものとしての「監視」から、安全・安心を保障してくれる「管理」へと、現代社会の様相が変わりつつあることを思い知らされたからである。本書のタイトル『空間管理社会』には、そうした共同研究を通じた悪戦苦闘の履歴も刻み込まれている。

学術書の出版を取り巻く厳しい状況にもかかわらず、私たちの企画に興味を示し出版を引き受けて下さった新曜社社長・堀江洪氏には、この場を借りて厚くお礼を申し上げたい。編集担当の小林みのりさんには、研究成果を一冊の本にまとめ上げるうえで、有益なアドバイスを要所要所で頂戴した。本当にありがとうございました。

編　者

人名索引

■　ハ　行

■　マ　行

■　ヤ・ラ・ワ　行

事項索引

■ サ 行

■ タ 行

■ ナ　行

■ ハ　行

■ マ　行

■ ヤ・ラ・ワ 行

佐幸信介（さこう しんすけ） パートⅡ・3章

日本大学 法学部新聞学科 専任講師

専門は社会学，メディア／コミュニケーション研究，住居論。著書に『テレビジョン・ポリフォニー』（共著，世界思想社，1999）。訳書にスコット・ラッシュ著『ポストモダニティの社会学』（共訳，法政大学出版局，1997）。論文に「再生産戦略としての〈住居〉」（『政経研究』第43巻第2号，日本大学法学会，2006）などがある。

小野田泰明（おのだ やすあき） パートⅡ・4章

東北大学大学院工学研究科 都市建築学専攻 助教授

専門は建築計画。1998−99年UCLA客員研究員を経て，現職。博士（工学）。東北大学総長教育賞（2006），日本建築学会賞（阿部仁史氏と共同受賞の作品，2003），日本建築学会論文奨励賞（1996）を受賞。主な作品に，苓北町民ホール（2002），市営荒井住宅（2004，以上阿部仁史氏と共同），伊那東小学校（2007予定，みかんぐみと共同）など。著書に『プロジェクト・ブック』（共著，彰国社，2005），『オルタナティブ・モダン』（共著，2005，TNプローブ）などがある。

前田至剛（まえだ のりたか） パートⅢ・5章

関西学院大学 社会学部 非常勤講師・COEリサーチアシスタント

専門はメディア／コミュニケーション研究，理論社会学。著書に『メディア文化を読み解く技法』（共著，世界思想社，2004），『日仏社会学叢書』（共著，恒星社厚生閣，2005）。論文に「インターネットによって生成される場と社会調査——精神疾患を患う人々の活動を事例として」（『先端社会研究』第3号，関西学院大学21世紀COEプログラム，2006）がある。

田仲康博（たなか やすひろ） パートⅢ・6章

国際基督教大学 国際関係学科 助教授

専門はメディア論，カルチュラル・スタディーズ。著書に『沖縄に立ちすくむ』（共編著，せりか書房，2004），『メディア文化の権力作用』（共著，せりか書房，2002），『越える文化、交錯する境界』（共著，山川出版，2004）などがある。いま一番の関心事は、沖縄をめぐる〈知〉の状況に風穴を開けうるような理論的枠組みをつくること。

執筆者紹介

阿部　潔（あべ きよし）　パートI・1章
関西学院大学 社会学部 教授
専門は社会学，メディア／コミュニケーション研究。著書に『公共圏とコミュニケーション』（ミネルヴァ書房，1998），『日常のなかのコミュニケーション』（北樹出版，2000），『彷徨えるナショナリズム』（世界思想社，2001）などがある。「安全・安心」を合い言葉に進む監視強化の動向に対して，身体感覚レベルでの違和感を出発点に，他者との邂逅をもたらすような「空間の自由」について思考を巡らせている。

成実弘至（なるみ ひろし）　パートI・2章
京都造形芸術大学 芸術学部 助教授
専門は社会学，ファッション文化論。著書に『問いかけるファッション』（編著，せりか書房，2001），『モードと身体』（編著，角川書店，2003），『カルチュラル・スタディーズ』（共著，講談社，2001）。訳書にジョアン・フィンケルシュタイン著『ファッションの文化社会学』（せりか書房，1998）などがある。20世紀のファッションと身体の文化史に取りくんでいる。

新曜社

空間管理社会
監視と自由のパラドックス

初版第1刷発行　2006年9月6日©

編　者　阿部　潔・成実弘至

発行者　堀江　洪

発行所　株式会社　新曜社
〒101-0051　東京都千代田区神田神保町2-10
電話（03）3264-4973（代）・FAX（03）3239-2958
URL　http://www.shin-yo-sha.co.jp/

印　刷　長野印刷商工　　Printed in Japan
製　本　イマヰ製本
ISBN4-7885-1016-2　C1036